Publications Scientifiques, Industrielles et Agricoles de E. LACROIX

PRÉPARATION DES MINERAIS

MÉMOIRE

SUR L'OUTILLAGE NOUVEAU

ET LES

MODIFICATIONS APPORTÉES DANS LES PROCÉDÉS D'ENRICHISSEMENT

DES MINERAIS

PAR MM. HUET ET GEYLER

INGÉNIEURS, ANCIENS ÉLÈVES DE L'ÉCOLE CENTRALE

Prix : 5 fr.

PARIS

LIBRAIRIE SCIENTIFIQUE, INDUSTRIELLE ET AGRICOLE

Eugène LACROIX, Éditeur

MEMBRE DE LA SOCIÉTÉ INDUSTRIELLE DE MULHOUSE, DE CELLE DE VERVIERS, ETC.
LIBRAIRE DE LA SOCIÉTÉ DES INGÉNIEURS CIVILS, DE LA SOCIÉTÉ DES ANCIENS ÉLÈVES DES ÉCOLES
D'ARTS ET MÉTIERS, DE LA SOCIÉTÉ INDUSTRIELLE D'AMIENS, ETC.

15, QUAI MALAQUAIS, 15

1866

NOTA. — Une partie du texte et des planches de cet ouvrage a été insérée dans les *Mémoires de la Société des Ingénieurs civils:* c'est pourquoi les planches portent des numéros qui pourraient faire croire à une erreur.

PRÉPARATION MÉCANIQUE DES MINERAIS

NOTE

SUR

l'outillage nouveau et les modifications apportées
dans les procédés d'enrichissement des minerais.

Par MM. **HUET** et **GEYLER**.

Extrait des Mémoires de la Société des Ingénieurs civils

La préparation mécanique des minerais ayant subi dans l'outillage
employé et dans les méthodes suivies de notables transformations, nous
nous proposons, par cette note, de les signaler à l'attention de ceux qui
s'intéressent à cette branche importante de l'exploitation des mines.

MÉTHODE ANCIENNE. — Le lavage des minerais reposait, il y a peu
d'années encore, dans les usines de préparation bien conduites, sur les
deux principes suivants :

Pousser le triage à la main aussi loin que possible.

Diviser les matières à soumettre au traitement en autant de classes
qu'elles contiennent de minerais ou de gangues différentes, et même
pour un minerai et une gangue donnés, faire plusieurs classes de richesses diverses; chaque classe subissant à part un travail spécial approprié à sa nature.

Cette méthode présentait en effet des avantages bien réels.

D'abord, tout ce qui était obtenu par le triage à mains échappait aux
pertes que produit toujours le travail aux machines.

Puis, le soin d'isoler en classe, par nature de minerais, de gangues et de richesses, avant de soumettre à l'enrichissement mécanique les produits trop pauvres pour la fonte, rendait ce travail plus facile et donnait lieu à moins de déchets.

Mais, par contre, faire passer tous les produits de la mine sur les bancs de cassage, les isoler par un triage à mains, fait avec le soin convenable pour une certaine efficacité, était toujours une main-d'œuvre très-dispendieuse.

Enfin il fallait encore, pour pouvoir laver chaque classe à part, attendre qu'on en eût accumulé une certaine quantité mise provisoirement en dépôt, ce qui nécessitait des encombrements et de nombreux remaniements.

En résumé, ce procédé de traitement, s'il se traduisait par l'avantage de réduire le déchet à son minimum, avait pour inconvénient d'exiger de lourdes dépenses en main-d'œuvre, et de laisser en inactivité un capital important représenté par les matières accumulées ou en roulement dans les laveries.

L'élévation rapide et constante de la main-d'œuvre, dans presque toute l'Europe, a forcé de modifier ces anciens errements : on a préféré alors subir les déchets pour économiser une main-d'œuvre devenue plus coûteuse que les pertes dues au travail mécanique.

MÉTHODE NOUVELLE. — La préoccupation actuelle consiste donc :

1° A diminuer autant que possible l'intervention des ouvriers, par la généralisation des moyens mécaniques, à rendre l'exécution plus rapide, pour éviter l'accumulation des matières et diminuer par conséquent les pertes d'intérêts ;

A rendre traitables, par la promptitude de l'exécution, des matières jadis réputées stériles et rejetées comme telles, alors que leur enrichissement s'opérait manuellement sur des outils grossiers et imparfaits ;

2° A réduire peu à peu, par un perfectionnement incessant de l'outillage, les déchets acceptés déjà comme moins onéreux que les dépenses de main-d'œuvre, et à remplacer les soins intelligents des ouvriers par la précision mécanique.

Aujourd'hui, le travail aux bancs de cassage se trouve donc considérablement réduit ; on se contente d'y passer seulement les morceaux capables de fournir immédiatement des produits propres à la fonte ; le reste, ne subissant qu'un choix rapide destiné à l'élimination de la plus grande partie du stérile, est directement envoyé à la laverie.

L'ensemble des usines nouvelles appelle principalement l'attention par une tendance très-prononcée à transformer en une action continue le jeu intermittent des appareils anciens, et à faire passer les matières, mécaniquement, d'un outil à l'autre, autant que cela est possible.

Ces préliminaires posés, nous allons maintenant décrire les appareils perfectionnés ou nouveaux, dont l'usage s'est répandu dans les ateliers de préparation mécanique.

TRIAGE. — Avant d'entrer dans les laveries, le minerai brut sortant de la mine est généralement séparé en deux catégories bien distinctes : les *menus* et les *gros*.

Les menus de la mine entrent de suite à l'usine pour y être immédiatement soumis ou débourbage et au classement.

Les gros sont le plus ordinairement partagés en deux classes :

Les gros riches pour triage à la main devant donner immédiatement des matières bonnes à fondre;

Les gros, regardés comme trop pauvres pour le triage, et bons seulement à être broyés pour être livrés ensuite au traitement des divers appareils de lavage.

Les minerais dont on tire ces deux dernières classes se présentent ordinairement en fragments d'une assez grande dimension; il en résulte la nécessité de les rompre à la masse, soit pour en opérer le scheidage, soit pour obtenir des volumes capables d'être dévorés par les broyeurs à cylindres.

Ce cassage, coûteux de main-d'œuvre, produit toujours une très-notable quantité de poussières, mais, tout récemment, une machine de provenance américaine est venue modifier avantageusement l'économie de ce travail préparatoire.

MACHINE A CASSER. — Le mode d'action de ce nouvel engin a été copié sur celui de la mâchoire humaine, et, en voyant fonctionner cet appareil, il semble que l'on assiste au repas d'un mastodonte fantastique, dévorant sa pâture.

L'outil (Pl. 44, fig. 1), tel qu'il nous a été importé d'Amérique, se compose d'une pièce fixe A, représentant la mâchoire supérieure de l'homme, et d'une autre pièce mobile B, figurant la mâchoire inférieure.

Voici maintenant le détail de l'agencement complet :

A un arbre coudé C, armé de deux volants et animé d'un rapide mouvement de rotation, est attelée une bielle D dont l'attache inférieure est reliée à l'extrémité E d'un balancier horizontal qui, par son autre bout F, repose à articulation libre sur le bâti même.

Une pièce verticale G repose librement sur le balancier et reçoit à son tour, toujours à articulation libre, les deux pièces H et H'.

La pièce H' butte sur la traverse fixe I, tandis que H presse sur la mâchoire mobile B.

1*

La pièce I peut être à volonté rapprochée ou éloignée à l'aide du coin K manœuvré par le boulon L. On règle donc ainsi l'ouverture des mâchoires A et B, conformément aux besoins; O est un ressort pour rappeler la mâchoire.

La manière d'agir de l'outil est maintenant facile à comprendre:

L'arbre C étant en rotation, la bielle D actionne le balancier, de sorte que G s'élève ou s'abaisse avec lui; or, G s'élevant, la position des pièces H et H' tend vers l'horizontale, et par conséquent I étant invariable, il faut alors que la mâchoire B se referme.

On conçoit donc que les pierres engagées entre les deux mâchoires sont fortement pressées à chaque coup donné par la mâchoire B, et que, en vertu de leur poids, comme elles tendent à descendre lorsque celle-ci s'ouvre, elles cessent seulement d'être brisées, alors qu'elles peuvent s'échapper par l'espace inférieur qui limite la grosseur à produire. Cet espace, nous l'avons dit, se règle à volonté.

Les morceaux à livrer à ce concasseur peuvent avoir $0^m,25$ sur $0^m,40$; les grenailles à en obtenir peuvent varier de 5 à 100 millimètres.

La machine donne de 140 à 200 coups par minute, suivant la vitesse et la nature des matériaux qui lui sont livrés; elle demande une puissance motrice de 7 à 12 chevaux.

Le travail effectué varie avec la nature des minerais; ainsi, avec des matières dures, quartzeuses ou amphiboliques, nous sommes parvenus à un rendement de 75,000 à 100,000 kilog. en dix heures, et nous croyons qu'avec quelques modifications à la machine, il nous sera possible de faire plus encore.

A Carnoulès (Gard), une machine casse des minerais de plomb d'une dureté proverbiale. Les mâchoires étant réglées pour que les morceaux les plus gros ne puissent pas dépasser 3 à 4 centimètres, on produit par heure 4,000 kilog., et l'on compte bien dépasser ce chiffre: le moteur employé développe une puissance de 6 à 7 chevaux environ.

A l'usine de Colombes, où M. d'Arcet utilisait cette machine pour concasser ses boghead avant la distillation, avec une puissance de 7 à 8 chevaux, on produisait seulement 3,000 kilog. à l'heure; mais vu la différence de densité, cette production représente certainement au moins 4,000 kilog. d'une roche compacte. Du reste, il est incontestable que le boghead offre une certaine difficulté provenant de la grande élasticité dont il est doué. Soumis à l'action de la machine, on le voit, en effet, se comprimer sous l'effort de la mâchoire et revenir après la pression à sa position initiale, absolument comme ferait un morceau de caoutchouc.

Enfin, qualité précieuse au point de vue spécial qui nous occupe ici, la production des poussières est moindre avec cette concasseuse que la quantité qui se produit par le cassage à la masse, et bien moindre surtout que celle donnée par le cylindrage.

Bien que nouvellement venue, cette machine a déjà subi d'assez heureuses modifications.

Dans le dernier type (Pl. 44, fig. 2) étudié dans les ateliers de MM. Parent, Schaken, Caillet et Cie, où la machine se construit, nous avons supprimé le grand balancier, de sorte que l'arbre moteur placé directement au-dessus de la pièce G qui est transformée en une bielle, actionne, sans autres transmissions, les volets H et H' sur lesquels la bielle est articulée, en imitant la jonction de l'humérus à l'avant-bras. La mâchoire fixe a pu recevoir l'inclinaison que la pratique nous a démontrée convenable. Cette inclinaison, en élargissant l'ouverture d'introduction, permet de livrer à la mastication des morceaux d'un plus gros volume; les parois latérales inclinées aussi en s'évasant du haut vers le bas s'opposent à la formation des voûtes et facilitent ainsi le dégorgement. Enfin tous les détails, étudiés avec un soin minutieux, donnent à l'outil une sécurité à toute épreuve. L'agencement général est disposé de telle sorte que la machine peut être réglée en marche avec la plus grande facilité en manœuvrant le coin rejeté à l'arrière, de même qu'un petit cylindre à vapeur peut être fixé sur l'un des flancs du bâti, pour, au besoin, commander directement l'arbre moteur.

Dans les usines de MM. Petin et Gaudet, où fonctionnent plusieurs de ces machines ainsi modifiées, la production s'élève à 12 tonnes par heure. Chaque machine est actionnée par un moteur de sept à huit chevaux, et opère sur un minerai de fer d'une dureté exceptionnelle.

Quel que soit le type dont on fera usage, on comprend l'immense intérêt que présente ce nouvel outil, en supprimant avantageusement le cassage à la masse et tous ses inconvénients.

Les produits du concassage doivent être reçus dans un trommel séparateur qui, isolant les grenailles bonnes au criblage, rejette les morceaux plus volumineux, soit sur les bancs de scheidage, soit dans un broyeur à cylindres[1].

Avant d'aller plus loin, nous nous empressons de dire que, pour l'étude de toutes les machines ou appareils dont il sera question dans cette note, et dont la construction s'effectue dans les ateliers de MM. Parent, Schaken, Caillet et Cie, nous avons été très-puissamment secondés par M. Ling, ingénieur en chef des ateliers. A son active et si intelligente collaboration, nous devons d'avoir pu surmonter toutes les difficultés que présentait le programme que nous nous étions proposé au début; et sans le secours d'un homme d'un esprit mécanique si éminemment pratique, peut-être

---

1. Depuis la publication de cette Note dans les *Mémoires de la Société des Ingénieurs*, nous avons imaginé une petite adjonction très-simple qui, s'adaptant facilement à toutes les machines, les rend capables de produire des grenailles ou des sables de toutes les grosseurs, aussi bien que des poussières, de sorte que nous arrivons ainsi à simplifier l'outillage en supprimant les broyeurs à cylindres et même les bocards dans certains cas.

nous eût-il été bien difficile d'arriver à la réalisation des conditions imposées par les nécessités du travail à accomplir. Qu'il veuille donc accepter ici l'expression de nos remercîments sincères.

Broyage. — Le scheidage ou triage à main étant exécuté, l'opération par laquelle débute toute préparation mécanique de minerais consiste à diviser la matière en fragments assez menus afin de dégager les parties métallifères des gangues dans lesquelles elles sont emprisonnées en particules plus ou moins grosses.

L'expérience ayant démontré que le déchet au lavage augmente avec la finesse des produits, il est très-important de concasser aussi gros que possible, pour éviter la production des poussières. Or, comme au-dessus de vingt-cinq à trente millimètres, les cribles n'agissent plus d'une manière efficace sur les grenailles qui sont soumises à leur action, il en résulte naturellement que cette grosseur détermine la limite maximum du volume à obtenir en toutes circonstances. Au-dessus de cette dimension, du reste, le triage à la main semble être plus économique.

D'un autre côté, il est clair que si le concassage produisait des fragments plus gros que le volume des grains métallifères empâtés dans les gangues, l'isolement du riche et du stérile ne serait alors obtenu que d'une manière très-imparfaite, et le travail aux cribles ne livrerait conséquemment qu'une faible quantité de produits utilisables.

De ces observations il résulte que la grosseur maximum des grains à obtenir par le concassage doit être en rapport avec la dimension des parties métallifères à isoler, telles qu'elles se présentent dans le minerai brut.

Un laveur expérimenté déterminera toujours facilement la limite convenable de son concassage par l'inspection de son minerai brut et après un petit nombre de tâtonnements.

Quant aux produits obtenus par cette première opération, on conçoit facilement qu'ils seront de toutes les grosseurs comprises entre le calibre maximum dont on aura fait choix, jusqu'aux poussières les plus impalpables ; toute l'habileté consistant à produire le moins possible de ces dernières.

Broyeurs a cylindre. — Primitivement, on le sait, le travail du concassage était exclusivement accompli par des pilons ou bocards ; mais depuis déjà assez longtemps, les Anglais y ont substitué les cylindres broyeurs, dont l'usage s'est rapidement répandu presque partout, leur emploi présentant des avantages incontestables. D'une conduite plus facile que les pilons, ils peuvent, dans un même temps, passer une plus grande quantité de matières, en produisant plus de grenailles et moins de poussière. Très-faciles à régler, leur emploi permet de rapprocher le rendement en grenailles le plus près possible du calibre désiré. Quoique s'usant encore trop rapidement, ils n'ont pas, néanmoins, sous ce rapport, les graves inconvénients qui résultent toujours des machines à chocs. Ils sont, enfin, moins encombrants et d'un premier établissement plus économique que les bocards. En un mot, leur introduction dans les ateliers de préparation mécanique doit être regardée comme un progrès capital dont l'influence se fait sentir encore aujourd'hui.

Comme il arrive à tous les outils dont l'utilité est incontestée et dont les bons services ont été reconnus par une longue pratique, les broyeurs à cylindres ont eu à subir de fréquentes et heureuses modifications, lesquelles, atténuant les défauts inhérents à leur mode d'action, ont complété leurs qualités. Sans vouloir insister ici sur les détails qui composent cette machine dont la construction est suffisamment connue, signalons cependant quelques-uns des perfectionnements les plus importants dont elle a été dotée peu à peu.

Pour remédier à des ruptures fréquentes, on a imaginé de rendre mobile l'un des broyeurs, de telle sorte qu'il peut éprouver un mouvement de recul, dans le cas assez habituel où un morceau de minerai trop gros ou trop résistant vient à s'engager entre les deux cylindres. Cette nécessité du recul ayant été admise, il a fallu déterminer l'effort sous lequel devrait et pourrait se produire l'écartement.

A cet effet, on a appuyé les tourillons de l'un des cylindres sur un obstacle dont la résistance doit être égale à la pression sous laquelle doit s'accomplir le travail normal. Un levier à contre-poids a d'abord satisfait à la réalisation de cette condition; on y a bientôt substitué des ressorts en acier ou en caoutchouc, qui sont préférables à l'agencement primitif, puisque avec eux la résistance s'accroît à mesure que l'écartement se produit en les comprimant, et qu'aussi leur disposition plus condensée permet de diminuer considérablement l'espace, en supprimant la longue queue du levier et son contre-poids.

Ajoutons encore que, pour obvier à l'usure rapide des surfaces travaillantes, on a été conduit à garnir les cylindres primitivement faits d'une seule pièce de fonte, d'une bague en fonte fortement trempée, ou même en acier, qu'il est facile de remplacer lorsque, suffisamment rongée, elle a été rendue impropre à un bon service. Enfin, disons encore que l'adjonction d'un volant, en complétant l'outil, n'a point été sans une bonne influence sur la régularité de son perfectionnement.

En général, la longueur des tables des cylindres broyeurs est constante et comprise entre $0^m,200$ et $0^m,300$, tandis que les diamètres varient en raison de la grosseur des morceaux que l'on se propose de soumettre à leur action. Les plus grands atteignent quelquefois le diamètre de $1^m,20$, rarement les plus petits descendent au-dessous de $0^m,200$.

Les broyeurs à cylindres, depuis $1^m,200$ jusqu'à environ $0^m,700$ de diamètre, servent au premier broyage des produits bruts de la mine, trop pauvres pour passer au triage à la main, pourvu, toutefois, qu'ils ne dépassent pas un volume capable de permettre le happement;

au-dessus de cette dimension, ils doivent être préalablement brisés à la masse.

Les autres broyeurs, ceux au-dessous de $0^m,700$, jusqu'à $0^m,400$, servent à compléter le broyage des morceaux trop gros rejetés par les premiers ou par le concasseur.

Enfin, les broyeurs plus petits de $0^m,400$ à $0^m,200$, ne sont employés que pour les reprises des matières mixtes provenant des criblages divers : lorsqu'ils deviennent impuissants, il faut alors recourir aux bocards.

Le concasseur américain, dont nous avons parlé plus haut, est évidemment appelé à remplacer les gros broyeurs de $1^m,200$, à $0^m,700$.

La planche 44 (fig. 3 et 4) donne le type d'un broyeur de $0^m,550$ de construction allemande; les figures 5 et 6 donnent le type que nous avons adopté, et représentent un broyeur de $0^m,900$ de diamètre.

Produits du broyage. — Quel que soit le procédé par lequel le broyage a été opéré, les produits qui en résultent se divisent en grenailles, en sables gros et fins et en boues; les limites de ces divisions sont assez arbitraires et donnent lieu souvent à des malentendus. Cependant, d'une manière générale, on appelle *grenailles* toutes les matières suffisamment grosses pour refuser le passage à travers les trous d'une tôle perforée à 5 millimètres; *gros sables*, tous les grains au-dessous de 5 millimètres, refusant le passage par les trous de 3/4 ou 1/2 millimètre, mais encore criblables. Quant à la séparation des sables fins et des boues, il est plus difficile d'en fixer la limite convenablement. On peut dire, néanmoins, que le plus ordinairement on considère comme *sables fins* tous les produits ayant traversé la tôle de 3/4 ou 1/3 millimètres, et dont on peut apprécier le volume par le toucher; les autres matières dont la constitution grenue ne peut se reconnaître par ce moyen sont appelées boues.

Quant à nous, nous préférons une division plus simple et plus conforme au travail, et appelons *grenailles* tout ce qui est criblable; de sorte que nous n'avons que des *grenailles*, des *sables* et des *boues*. En réalité, ce qui doit établir une véritable distinction entre les classes provenant du broyage, ce sont les appareils différents sur lesquels peut s'accomplir le traitement pour enrichissement.

Traitement des grenailles. — Le principe du traitement de tout ce que nous avons appelé grenailles est basé sur la différence des densités des matières, constituant le mélange sur lequel on doit opérer la séparation. Mises toutes ensemble en suspension dans une eau tranquille, après avoir été classées par volumes approximativement égaux, les plus pesantes, on le sait, gagneront le fond avec plus de rapidité que les légères, et s'isoleront ainsi en catégories distinctes. Cette faculté de séparation se faisant sentir d'autant mieux que les fragments sur lesquels on agit ont des volumes plus égaux et des formes plus identiques, on doit tendre à classer, autant que possible, les matières de criblage par catégories de grosseurs semblables.

Classement. — Un bon classement, bien approprié à la nature et à la composition plus ou moins complexe du minerai à traiter, doit donc être considéré comme de première nécessité et comme étant la principale condition à remplir pour obtenir une séparation rapide et aussi complète que possible.

Il faut cependant se garder aussi de l'exagération, car si théoriquement on doit multiplier le nombre des classes à cribler, d'autre part la pratique démontre que ce soin doit être arrêté à de certaines limites, passé lesquelles il devient une source de dépenses sans profit.

En effet, deux numéros de produits classés étant donnés, chacun d'eux contiendra évidemment des grains maxima et des grains minima; et si les calibres de perforation ayant servi à produire ces deux classes voisines sont très-rapprochés, il en résultera que les différences de volumes entre les grains obtenus seront inappréciables, c'est-à-dire que les maxima et les minima de l'une ne différeront pas sensiblement des maxima et des minima de l'autre.

D'un autre côté, les conditions théoriques les plus soignées se trouveraient détruites par les grains de forme irrégulière, par les fragments esquilleux, allongés, qui, ayant une section conforme au calibre, s'introduisent dans une classe dont ils devraient être pourtant éliminés en considération de leur volume; enfin les influences réciproques, pendant le criblage, sont encore une nouvelle cause de perturbation dont pratiquement il faut bien tenir compte.

Heureusement, l'expérience ayant constaté qu'un mélange de volumes peu différents n'oppose pas d'obstacles sérieux à une séparation convenable, quand le rapport entre les grains de deux classes successives ne dépasse pas celui de 100 à 40 ; il n'y a donc pas de nécessité de multiplier les numéros de perforation au delà d'une certaine limite, pour obtenir un criblage satisfaisant.

On doit même observer encore qu'en général, un minerai ne contenant qu'un seul métal avec ses gangues est d'un criblage plus facile qu'un minerai qui contient plusieurs métaux, par suite qu'il y a lieu, dans le premier cas, de restreindre le nombre des classes à produire.

Ainsi donc, une série complète et rationnelle de perforation étant déterminée, on voit qu'il n'est pas utile de s'astreindre à en faire usage dans tous les cas. Elle doit être considérée et prise comme un type extrême de soins et de précautions, toujours susceptible de modifications, variant avec la simplicité du minerai et sa tendance à une séparation facile.

Économiquement parlant, un classement trop minutieux, en augmentant le nombre des catégories à traiter séparément, augmente très-sensiblement les frais de premier établissement de l'outillage, tandis qu'un classement trop grossièrement fait retarde le criblage et le rend moins parfait. Il y a donc entre ces deux extrêmes une limite que la pratique et la nature du minerai peuvent seules indiquer à l'œil exercé, limite qui donnera le minimum des frais de traitement aux cribles.

Toutes ces considérations, bien comprises par les praticiens intelligents, ont nécessairement entraîné à des modifications sensibles dans l'emploi et les dispositions des appareils de classification.

APPAREILS DE CLASSEMENT. — TROMMELS. — Le trommel est l'appareil employé aujourd'hui, on peut dire sans concurrence, pour la classification des minerais. Analogue aux blutoirs des meuneries, c'est un cylindre incliné ou un tronc de cône creux, dont l'enveloppe est formée de tôles perforées; à l'intérieur, il reçoit les matières à classer, pour les rendre par sa surface enveloppante, à mesure qu'elles s'échappent par les trous des tôles. Il a été substitué, comme on le sait du reste, aux ratters ou tamis à secousses. Ces détails étant connus de tous, nous n'avons pas à nous y arrêter.

Jadis et assez communément encore, les matières broyées à soumettre à la classification étaient introduites dans un premier trommel qui, isolant plusieurs classes bonnes au criblage, en réservait une autre pour être livrée à un deuxième trommel, lequel opérait de même et ainsi de suite, jusqu'à complet classement.

On comprend facilement le vice de cette méthode, d'où il résulte que le premier trommel, étant chargé de la totalité des matières, s'en trouve encombré, chargé outre mesure, et par suite s'use rapidement, en même temps qu'il donne un classement très-imparfait.

TROMMELS SÉPARATEURS. — Un procédé plus logique et plus avantageux s'est alors introduit dans les ateliers bien compris, et voici en quoi il consiste : Au lieu d'envoyer les produits du concassage immédiatement dans les classeurs, on fait d'abord usage d'un trommel séparateur qui, placé directement sous les broyeurs, reçoit toutes les matières qui s'en échappent, ces matières se composant naturellement de grenailles de deux espèces, savoir : les fragments trop gros pour subir le criblage et à rebroyer; les fragments bons pour cribles, à classer.

Les morceaux pour rebroyage sont déversés dans de nouveaux concasseurs, ou sont ramenés par le trommel lui-même à l'action du concasseur dont ils se sont échappés; dans ce dernier cas, le trommel est dit séparateur à retour.

A retour ou non, la principale fonction des trommels séparateurs est de diviser les matières criblables en deux grandes catégories, allant, chacune séparément, dans un trommel classeur spécial où le classement s'accomplit. Par cette ingénieuse disposition, on arrive à diviser la charge totale en deux portions, grosses grenailles et petites grenailles, les unes allant d'un côté, tandis que les autres vont de l'autre, et les trommels classeurs n'ont plus à recevoir chacun que la moitié environ du poids qu'il s'agit de traiter. Par conséquent, les grains ont moins de tôles à traverser, moins de chemin à parcourir, une grande partie des frottements est évitée, ce qui réduit la quantité des poussières produites; l'usure des tôles est aussi moins rapide; enfin l'encombrement ne nuisant plus au classement, il est mieux fait. Cette disposition, qui n'exige pas un plus grand nombre d'appareils, permet sans inconvénients d'obtenir des classeurs, dans un même temps, un rendement plus grand.

Les figures 7 et 8, Pl. 45, indiquent un séparateur double à retour, avec roue élévatrice adhérente.

TROMMELS CLASSEURS. — Quant aux trommels classeurs, ils ont subi diverses transformations. Les petits trommels coniques superposés, dont le premier recevait toute la masse à classer pour n'isoler que les grenailles les plus grosses par une seule division, ont été, depuis l'introduction des séparateurs, supprimés presque partout, pour faire place à des appareils de diamètres plus grands et produisant plusieurs classes. Ces derniers, moins chargés de matières, font plus et mieux; chaque grain trouvant plus facilement son passage au milieu de la masse, peut, sans trop de perturbations, gagner le trou par lequel il doit s'échapper.

Les trommels, lorsque les diamètres, les inclinaisons et les vitesses de rotation sont judicieusement combinées avec les quantités de matières a passer dans un temps donné, réalisent un classement que l'on peut dire satisfaisant, bien qu'il ne soit pas cependant irréprochable.

Une objection sérieuse, cependant, leur a été faite souvent : c'est que, recevant les grenailles sur les tôles les plus finement perforées, placées en tête, il en résulte nécessairement : 1° l'encombrement et l'obstruction très-nuisibles des trous de perforation par les grains trop gros, et cela justement au moment où la classification demande la régularité la plus grande; 2° l'entraînement par adhérence des grains les plus petits par les plus gros vers une division à laquelle ils n'auraient pas dû parvenir; 3° enfin, l'usure que nous avons déjà signalée; usure qui devient d'autant plus onéreuse que les numéros de perforation sont plus petits, puisque, dans ce cas, ils exigent l'emploi de feuilles de cuivre.

Depuis longtemps, par des dispositions variées, on a tenté de corriger ces imperfections.

D'abord on a employé cette série de trommels coniques, ne portant chacun qu'un seul numéro de perforation; ces trommels, placés par étages successifs et se déversant les uns dans les autres, celui de plus gros calibre placé en tête, présentaient ainsi une cascade dont les trous allaient en diminuant. Mais la pratique n'a pas sanctionné l'usage de cette disposition qui, si elle réalise d'abord l'isolement des grains les plus gros pour finir par les plus petits, entraîne à sa suite des inconvénients suffisamment sérieux pour motiver son abandon : elle nécessite en effet une très-grande hauteur, et, quelle qu'elle soit, elle se prête mal au service des remaniements. Pour une surface de tôle jugée utile et nécessaire à un bon classement, elle exige un emplacement plus développé que tous autres systèmes, même en donnant aux trommels un petit diamètre; or, c'est là un fait pratique à noter, que les diamètres trop petits nuisent au classement. Enfin, chaque trommel devant porter son arbre indépendant, avec ses tourillons, paliers, croisillons, etc., et tous autres accessoires de transmission, ces complications d'établissement entraînent, comme il est facile d'en juger, à une dépense inutile et à un enchevêtrement gênant de courroies, de chaînes ou d'engrenages pour la transmission.

Pour toutes ces raisons, cette disposition est très-rarement adoptée.

Installée à la laverie Dorothée (Hartz), elle a été imitée dans la belle usine de Ems, qui certainement est un des plus beaux types que l'on puisse citer, soit comme disposition d'ensemble, soit aussi comme marche du traitement, eu égard à la qualité du minerai et au but qu'on s'est proposé.

Trommel Boudehen. — Un arrangement plus heureux proposé par M. Boudehen a été adopté et mis en application dans les laveries de Pontpéan (Ille-et-Vilaine) : il consiste en un cône à enveloppe pleine, régnant sur toute la longueur de l'appareil, garnie intérieurement d'une série de tôles perforées, placées concentriquement à cette enveloppe, les trous de perforation les plus grands étant placés en tête du trommel, et l'espace libre entre les enveloppes concentriques étant d'environ 15 centimètres. Chaque tôle perforée est séparée de celle qui la suit par une rigole garnie d'une hélice disposée de telle sorte que les fragments les plus gros, retenus sur la tôle perforée, sont, après avoir gagné cette rigole, évacués dehors par un seul trou disposé à cet effet, tandis que les grains qui ont traversé la tôle perforée pour tomber sur l'enveloppe pleine sont relevés pour être répandus sur la tôle perforée suivante, et ainsi de suite.

L'arbre de ce trommel est fixe et creux, et disposé de manière à arroser continuellement les matières qui parcourent le trommel. Le cône tourne donc sur son axe immobile.

La description de ce trommel a été publiée avec les plus grands détails dans le *Bulletin de l'Industrie minérale* et dans la *Revue universelle*[1].

---

1. *Bulletin de l'Industrie minérale*, t. VI, 4ᵉ livraison; *Revue universelle*, 7ᵉ année, 2ᵉ livraison.

M. Bronne, membre de notre Société, qui a dirigé l'exploitation de Pontpéan, a pu constater la bonne marche de cet engin de classement, dont il tirait, dit-il, des produits de très-bonne qualité.

Trommel Huet et Geyler. — Nous avons adopté nous-mêmes une disposition analogue, ayant pour but de satisfaire aux mêmes conditions.

Comme le précédent, notre trommel (fig. 9, 10 et 11, pl. 45) est conique à double enveloppe, et son arbre fixe creux aide à produire l'irrigation intérieurement.

Les matières brutes livrées en tête par l'extrémité O, entraînées par la rotation et obéissant à la conicité, se répandent sur la tôle perforée T'. Une partie des grains traverse cette enveloppe et tombe sur la tôle pleine T, tandis que les plus gros fragments retenus sur T' avancent pour venir tomber à leur tour dans une rigole circulaire D, laquelle munie d'autant d'orifices S. S. S. S. qu'on le veut, les dégorge au dehors.

Quant aux grains qui ont été déversés sur la tôle pleine, ils passent sous la couronne D par les espaces vides V. V. V. V., entre les orifices S. S. S. S., et arrivent ainsi cheminant sur une nouvelle tôle perforée T'', placée en prolongement de la tôle pleine T. Une nouvelle séparation se produit à nouveau, identiquement, comme il a été dit plus haut.

On peut donc imaginer une série aussi complète qu'on le voudra de tôles perforées, étagées les unes à la suite des autres, terminées chacune par une rigole d'évacuation, avec adjonction en dessous d'une tôle pleine. La dernière tôle perforée qui terminera le trommel sera seule exempte de ces additions.

Si l'on veut comparer les avantages et les inconvénients de ces deux appareils, on voit que le trommel Boudehen, par sa conicité non interrompue, donne, pour un diamètre adopté au départ, un accroissement de volume moins rapide que celui qui est nécessité par notre disposition en étages, ce qui semblerait rendre sa construction plus économique; mais la disposition assez compliquée des hélices et la nécessité d'adopter des diamètres suffisamment grands pour permettre l'introduction à l'intérieur d'un homme pour le montage, vient balancer et au delà ce qui, dans le nôtre, paraît à première vue être plus coûteux.

Dans l'appareil de M. Boudehen, le dégorgement ne peut se faire que par un seul orifice, et le nettoyage n'y est possible qu'en s'introduisant intérieurement; il nécessite donc un arrêt. Notre système permet de multiplier à volonté les orifices de sortie, et nous pouvons, même en marche, opérer facilement le nettoyage, ce qui est d'une grande importance.

Après les trommels, il nous resterait à dire quelques mots des ratters ou tamis à secousses chargés d'accomplir le même travail. Mais ceux-ci ayant disparu de presque tous les ateliers, nous n'avons ici qu'à constater leur déchéance, et si nous en recherchons la raison, nous voyons :

Que le trommel avec son mouvement rotatif, doux et continu, fonctionne avec régularité en n'imprimant aux grains qu'un simple mouvement de glissement; puis il absorbe peu de puissance motrice, et fait beaucoup de besogne sans être sujet à de fréquentes réparations.

Cependant sa construction nécessite une surface développée de tôles perforées, dont un tiers environ est seulement utilisé à la production du travail; et, après usure de ces tôles, les réparations ou les changements ne se font pas toujours avec toute la facilité désirable, eu égard aux positions isolées de la plupart des laveries.

Dans les tamis, la surface des tôles à employer peut être limitée à la surface absolument utile, et le changement après usure se fait avec la facilité la plus grande. Mais la mise en mouvement d'un ratter exige une puissance motrice bien plus considérable que celle demandée par un trommel réalisant le même travail; donc en réalité il rend moins, et le classement s'y trouve moins bien exécuté, par suite des soubresauts dont les grains sont animés pendant tout le parcours des surfaces. Enfin, la répétition fréquente des chocs est une cause d'usure, d'entretien continuel ou de détraquement rapide de tout le système.

Pour toutes ces raisons, le trommel a donc détrôné le tamis. Ce déplacement sera-t-il permanent? nous ne le pensons pas, car le tamis nous paraît susceptible de très-grands perfectionnements; et, s'ils se produisent, on le verra reprendre un jour dans les laveries la position qu'il y occupait jadis, et l'emploi du trommel sera alors limité à des cas particuliers.

Après le classement, les grenailles passent au criblage.

CRIBLAGE. — Les cribles sont de deux systèmes.

Dans les plus anciens presque partout abandonnés aujourd'hui, si ce n'est pourtant en Angleterre, la grille est mobile avec le minerai qui y repose.

Dans les autres, au contraire, la grille est fixe, et le liquide y reçoit, par l'intermédiaire d'un piston, un mouvement alternatif qui soulève le minerai.

Le jeu de ces appareils est trop connu pour qu'il soit utile de s'y arrêter : mais le crible à piston, généralement employé sur le continent, y ayant subi des perfectionnements d'une grande importance, nous aurons à les signaler ici.

Avant d'entrer dans ces détails, disons de suite que le crible, quel que soit son système, son mode de construction plus ou moins perfectionné, reste encore l'outil dont on tire, en préparation mécanique, les résultats les plus satisfaisants. Comparés à tous les autres appareils usités, ce sont les cribles qui, dans un temps donné, permettent de passer la plus grande masse de matières avec le minimum de main-d'œuvre et de déchet, et d'obtenir la séparation relativement la plus complète d'un mélange de minerais divers, quelque complexe qu'il se présente, du moment qu'on saura les manier avec intelligence. Aussi un laveur doit-il faire tous ses efforts pour en étendre l'emploi aussi loin que possible, et ce n'est qu'après avoir épuisé toutes les ressources dont ils sont capables, qu'il devra se décider à les abandonner pour faire usage des autres appareils. C'est aussi ce qui arrive aujourd'hui dans toutes les laveries soumises à l'impulsion d'hommes expérimentés. On voit, en effet, dans ces usines, soumettre au criblage, avec bénéfice, des matières n'ayant que 3/4 à 1/2 millimètre; matières qui, dans d'autres établissements moins bien guidés, sont traitées encore soit aux caissons, soit aux diverses tables, en y subissant les déchets que comportent ces outils.

L'opération du criblage, quelque rapide qu'elle soit, entraîne cependant à une dépense de main-d'œuvre telle, qu'en de certains cas il n'y a pas, industriellement parlant, possibilité de traiter des minerais très-pauvres, hors d'état de couvrir les frais que nécessite le travail intermittent dû à l'enlèvement des zones classées.

Traiter rapidement, et avec très-peu de frais, de grandes masses d'un minerai pauvre, en élevant convenablement sa teneur, pour pouvoir ensuite en achever l'enrichissement sur les cribles ordinaires : tel a été le problème que se sont posé les ingénieurs s'occupant de la préparation mécanique des minerais.

Cribles continus dégrossisseurs. — Le crible continu, assez nouvellement introduit dans les ateliers de lavage, semble avoir résolu cette question si intéressante. Analogue aux laveurs employés en France, pour la première fois, dans les exploitations houillères, c'est aux ingénieurs de Hartz qu'on en doit l'application au traitement des minerais. Qu'il ait dit son dernier mot, qu'il soit arrivé à rendre tous les services qu'on est en droit d'en espérer, nous sommes loin de le penser ; mais néanmoins, tel qu'il est actuellement, il constitue, en attendant mieux encore, un progrès considérable, puisqu'il permet déjà de travailler avec bénéfice des produits qui, sans lui, étaient jugés souvent comme bons à rejeter.

Avant de donner la description de ce nouvel outil, disons de suite qu'il ne doit être considéré que comme un auxiliaire des cribles ordinaires. Incapables aujourd'hui de finir le travail d'enrichissement en donnant des produits fondables, il est seulement un dégrossisseur très-avantageux, qui permet de réaliser ce qui avant lui était déclaré impossible. Prenant des matières pauvres à la teneur de 5, 3, et même 2 % en plomb, par exemple, il élimine presque sans frais une grosse partie des stériles, en

livrant alors, pour l'achèvement aux cribles ordinaires, des matières notablement enrichies, dont le volume, par conséquent, a considérablement
diminué.

Un crible continu à soupape (fig. 12 et 13, pl. 45) se compose d'une
trémie A, dans laquelle se déverse continuellement le minerai à enrichir,
en s'étendant sur toute la surface de la cuvette B, dont le fond est garni
d'une tôle perforée.

Une cuve à eau C, partagée en deux compartiments, reçoit d'un côté la
cuvette B, et de l'autre le piston D, dont le mouvement alternatif imprime
au liquide la puissance suffisante pour soulever le minerai, qui se classe
par densité de la même manière que dans les cribles ordinaires.

Le minerai, arrivant dans la cuvette d'une manière non interrompue,
en remplit toute la capacité, et bientôt le stérile plus léger, amené à la
surface, déborde par les quatre échancrures E E E E ménagées dans les
coins, et s'échappe en coulant avec le liquide également expulsé dans le
conduit d'évacuation L, pour être rejeté en M dans une brouette ou un
wagonnet.

Pendant que le stérile est ainsi dégorgé par le haut à chaque coup du
piston, les produits riches, au contraire, s'accumulent vers le bas, et
lorsque la couche de dépôt est suffisamment épaisse, on soulève la soupape F à l'aide du levier G, et ces matières enrichies sortent par le
tuyau H, pour de là être portées à l'enrichissement définitif sur les cribles
finisseurs.

A chaque coup de piston, comme il sort un certain volume d'eau, et
que l'ouverture du départ du riche en laisse aussi passer une certaine
quantité, il est donc nécessaire de pourvoir à son remplacement; c'est par
la vanne K qu'a lieu cette rentrée.

Quant à la soupape inférieure N, elle sert soit à vider le crible pour le
nettoyer, soit à évacuer, à mesure qu'elles s'y accumulent, les matières
assez fines qui ont pu traverser la tôle piquée formant le fond de la
cuvette.

Nous avons dit que ce crible continu était impuissant à donner une
séparation complète et finir le travail d'enrichissement.

Voici pourquoi :

Le minerai brut, au lieu d'être réparti uniformément sur toute la surface
travaillante, n'y arrive que sur une faible portion, et par conséquent
l'action réciproque des grains les uns sur les autres vient nuire à leur
classement. Le tuyau central d'évacuation des riches trouble aussi la libre
action de l'eau en occasionnant autour de lui des remous nuisibles au
dépôt; enfin, si l'on suppose même un classement exact des matières par
couches horizontales, il arrive alors que l'ouverture de la soupape F
vient déranger cette superposition, et les matières, au lieu d'être évacuées
par zones horizontales, suivant le plan de leur stratification, s'échappent

en formant un cône plus ou moins ouvert *a b c d*, qui appelle, en les mélangeant, diverses couches de densités différentes, et dérange leur classement primitif.

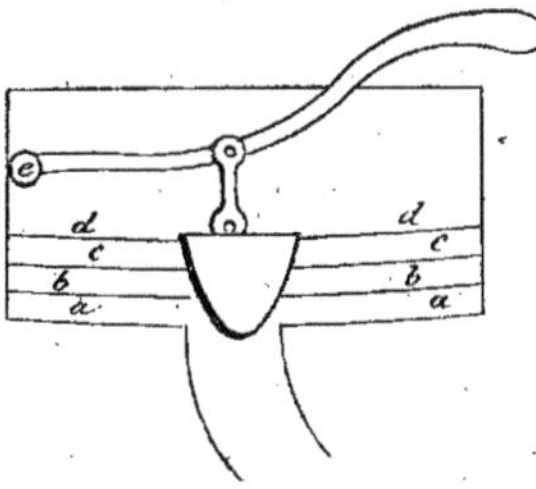

Telles sont les raisons principales qui font que le crible continu est, comme nous l'avons dit, en y insistant beaucoup, un véritable dégrossisseur, et qu'il est actuellement impropre à produire un travail fini, capable de remplacer celui qu'on obtient des cribles ordinaires dans lesquels les matières classées sont enlevées avec soin par plans horizontaux. Mais, par suite de l'élimination des stériles, il abrége considérablement la besogne et la rend notablement moins coûteuse.

CRIBLE A RACLETTE, *système Huet et Geyler.* — Bien convaincus des services que les cribles continus sont aptes à rendre à diverses industries, connaissant par l'usage tous les inconvénients qui sont inhérents au système des cribles à soupapes, et ayant reconnu dans le lavoir à charbon à raclette de MM. Detombay et Scheuren[1] des éléments capables d'apporter de grandes améliorations dans le système des cribles continus, nous nous sommes proposé de les réaliser en établissant un crible à raclette destiné au travail des minerais, etc., et capable de pousser l'enrichissement beaucoup plus loin que le crible à soupape.

Les fig. 14 et 14 bis, pl. 45, représentent la disposition que nous avons adoptée.

La cuve, divisée en deux compartiments, est analogue comme forme à celle des cribles continus à soupapes.

Dans l'un de ces compartiments se meut le piston, dans l'autre se trouve la grille de lavage.

Un robinet A sert à régler l'introduction du liquide. Une soupape B, qui peut à volonté être ouverte à l'aide d'une tige C et du levier D, permet de vidanger les fins qui, après avoir traversé la grille, s'accumulent au fond de la cuve; enfin un trou d'homme X est ménagé dans l'un des côtés pour faciliter le nettoyage complet de l'appareil; le compartiment d'avant est terminé par un plan incliné Z, sur lequel sont rejetés les stériles.

<hr>

1. *Mémoires de la Société des Ingénieurs civils*, 2e série, 18e année, 3e cahier.

Le crible reçoit le mouvement par un arbre F placé à l'arrière, lequel porte une manivelle G, qui se meut dans la coulisse H. Cette coulisse, calée suivant un angle convenable sur l'arbre I qui commande le piston, lui imprime un mouvement alternatif différentiel de rotation, tel que le piston satisfait à toutes les conditions démontrées les plus favorables pour une séparation rapide et aussi complète que possible.

Le piston est creux et en fonte; il est relié à l'arbre I par le levier J, disposé de telle sorte que la tête de la tige du piston peut à volonté s'éloigner ou se rapprocher du point de rotation, afin de faire varier la course, suivant les besoins. Enfin la tige du piston elle-même peut s'allonger ou se raccourcir, pour permettre de fixer la position dans laquelle doit s'accomplir le jeu du piston, lequel se meut toujours bien verticalement par suite de l'action des guides.

Un excentrique M, calé sur l'arbre F, actionne l'arbre N, qui, à l'aide des leviers O O, donne le mouvement à la raclette P, qui est guidée dans sa course de va-et-vient par les directrices Q, venues de fonte avec les flasques du crible. Ainsi la raclette, actuellement à son point le plus bas, va remonter vers le haut de la génératrice en R; là elle soulèvera la pièce S, articulée en T; elle reviendra en arrière en reposant alors sur la pièce S, pour retomber en U à sa position initiale, et ainsi de suite, à chaque tour de l'arbre I.

En V se trouve une vanne qui peut s'ouvrir plus ou moins en manœuvrant le levier X. Cette vanne, qui règne sur toute la largeur de l'appareil, permet aux matières enrichies de s'épancher dans le réservoir Y, placé au-dessous du plan incliné Z, d'où on les extrait par la vanne V'.

Avant de mettre l'appareil en mouvement, on doit naturellement déterminer, relativement aux matières à traiter, la position du piston, fixer l'amplitude de son jeu, et régler la quantité d'eau à introduire. Alors il pourra être mis en jeu. Les matières livrées par la trémie se classeront sur la grille, et dès qu'elles auront atteint une hauteur suffisante, la raclette pourra saisir celles qui seront à la surface et les entraînera dans son mouvement sur le plan incliné Z, qui les rejette hors de l'appareil. Quant aux parties lourdes qui auront gagné le fond pour reposer sur la grille, elles pourront être évacuées, soit d'une manière intermittente en ouvrant de temps en temps la vanne V, soit d'une manière continue, si leur nature le permet, en laissant cette vanne convenablement ouverte.

Une ou plusieurs fois par jour, suivant les besoins, la soupape B sera ouverte pour vider la cuve des boues qui auront traversé la grille de lavage, absolument comme dans les autres cribles.

Lorsqu'on veut traiter un minerai simple, un seul crible suffit, puisqu'il enlève de suite les gangues nuisibles en ne laissant au fond que les matières utiles. Mais s'il s'agissait de traiter un minerai complexe, peut-être alors y aurait-il grand intérêt à employer deux ou trois cribles se desservant l'un par l'autre, de telle sorte que les refus du premier viendraient se déverser dans la trémie du second, et les refus de celui-ci dans la trémie du troisième.

Par ce procédé, un minerai contenant par exemple galène, blende et gangues, traité par deux cribles, donnerait dans le premier des produits ne contenant guère que des morceaux de galène pure et d'autres qui tiendraient en mélange adhérent la galène et la blende, dans le deuxième quelques morceaux du mélange ci-dessus, ainsi que les blendes pures et des morceaux de blende avec gangues adhérentes. Les gangues pures ou légèrement blendeuses seraient presque entièrement éliminées.

Dans la laverie d'Ems, on a pris un parti que nous n'avons pas à juger ici, et qui, probablement, résulte de conditions économiques particulières. La méthode suivie à Ems consiste à regarder les blendes comme gangues (sauf, bien entendu, les morceaux massifs qui ne passent pas par la laverie), et, par conséquent, à les éliminer avec les stériles. Aussi l'emploi des cribles continus y est-il poussé plus loin.

Ces cribles ont une grille de travail rectangulaire, divisée en deux parties par une cloison. Le minerai arrive sur la grille par l'un des petits côtés du rectangle, et marche vers le côté opposé. Par la première case, on recueille des galènes riches; par la seconde, des produits à enrichir; mais tous les refus vont aux bocards. Sur quelques-uns de ces cribles, on a supprimé la soupape du milieu pour la remplacer par une vanne appliquée sur la face opposée à l'introduction, de sorte que la grille de travail se trouve entièrement libre, et que le départ des fonds de criblées, au lieu de se produire par le centre, s'effectue par le côté.

En résumé, le crible continu est appelé à se répandre rapidement, à cause des services qu'il peut rendre. Il y a incontestablement grand intérêt à isoler du premier coup et sans presque de main-d'œuvre, la plus grande partie des matières inutiles, car le finissage n'a plus à opérer que sur un volume considérablement condensé : l'avantage que l'on en peut tirer se fera sentir d'autant plus qu'il sera possible d'employer les cribles en nombre égal à celui des classes fournies par les trommels, chaque classe tombant directement dans son crible spécial, sans dépenses de main-d'œuvre ni déchets de transbordement.

Dans une usine bien disposée, un gamin peut surveiller et desservir quatre cribles continus. Un crible peut passer par jour de dix heures de travail de 6,000 à 4,000 kilogrammes de matières brutes.

CRIBLES FINISSEURS. — Les cribles finisseurs sont destinés à achever l'enrichissement des matières dégrossies par les cribles continus: les perfectionnements introduits dans leur construction permettent d'obtenir de leur fonctionnement des effets qu'il est impossible d'obtenir des cribles anciens.

Par la précision et la régularité de leur marche, il est devenu facile de les conduire mécaniquement, tout en opérant sur des matières qui, par leur ténuité, demandaient jadis le traitement à la main, et même de cribler aussi des produits dont l'enrichissement ne s'obtenait que sur les tables; les avantages sont précieux, puisque le criblage ne donne que peu ou point de déchet, relativement aux caissons ou aux tables qui en donnent beaucoup.

Les cribles finisseurs peuvent passer, en dix heures de travail, de 2,000 à 3,000 kilogrammes de matières brutes, c'est-à-dire de produits enrichis déjà par les cribles continus. La puissance motrice nécessaire et suffisante pour les mettre en mouvement est d'environ 5 kilog-mèt., tandis que, pour les cribles anciens, elle est évaluée à 1/4 et même 1/2 cheval, et ceux-ci ne passent au maximum que de 1,800 à 2,000 kilogrammes.

Les figures 15 et 16 (Pl. 45) représentent un crible à piston plein et à mouvement différentiel, avec manivelle à course variable, destiné au traitement des grenailles, de 5 millimètres et au-dessus.

Un crible à piston flottant à ressort, à course et à choc variable, est indiqué par les figures 17 et 18. Il est employé pour le traitement des petites grenailles au-dessous de 5 millimètres.

Nous avons dit plus haut que le criblage pouvait être employé, comme limite extrême, pour le traitement des grains ayant refusé le passage à travers les tôles, dont la perforation est de 1/2 millimètre; mais nous devons ajouter encore que, pour rendre le criblage pratiquement utile, il est nécessaire, dans ce cas, de prendre une précaution indispensable, sans laquelle on échouera presque toujours : nous voulons parler du débourbage de ces fines grenailles.

En effet, avec des minerais argileux, il arrive presque toujours que les matières, classées par leur passage dans les trommels, entraînent avec elles, par adhérence, des boues en plus ou moins grandes quantités. Or, ces boues, sans influence sur les grosses grenailles, sont une cause sérieuse de perturbation pour le criblage des fins; ces petits grains en sont enveloppés, ils les emportent avec eux dans les cribles, où leur présence devient un obstacle à l'enrichissement. Il importe donc de faire subir aux fins de criblage un débourbage préliminaire, et ce résultat s'obtient d'une manière aussi complète que possible, en les soumettant à l'action soit des trommels de notre système, soit à celle des cônes ou cylindre à double courant, dont nous aurons à parler plus loin, à propos du traitement des sables.

DEUXIÈME PARTIE

TRAITEMENT DES MATIÈRES FINES, SABLES ET BOUES

Dans la première partie de cette note nous avons rapidement examiné ce qui concerne le cassage des minerais, le classement et l'enrichissement de ce que nous avons appelé grenailles; nous avons vu que leur traitement, s'il est bien entendu, n'offre pas de très-grandes difficultés, et qu'en résumé il produit peu et pour ainsi dire pas de déchets. Aussi avons-nous insisté sur cette recommandation, que l'emploi des cribles doit être poussé à la limite extrême.

Pour le traitement des sables et des boues, dont nous allons actuellement nous occuper, les complications sont plus grandes, et là commencent les difficultés réelles de la préparation mécanique.

IMPORTANCE DES MATIÈRES FINES. — Ces matières fines doivent d'autant plus appeler l'attention du laveur que leur quantité est, en général, relativement considérable, et dépasse même souvent celle des grenailles; car elles proviennent non-seulement des menus sortis directement de la mine et du premier broyage des gros, mais le rebroyage des mixtes fourni par les cribles ou par les appareils à traiter les sables augmente encore notablement leur importance. Dans certains cas les menus des mines, lorsque l'exploitation est très-développée, ou bien lorsque le minerai est d'une nature friable, acquièrent une importance telle qu'il y a lieu d'adopter pour eux un traitement à part.

DIFFICULTÉS DU TRAITEMENT. — Examinons donc quelles sont les difficultés en présence desquelles nous allons nous trouver maintenant.

Lorsque ces matières légères sont en suspension dans l'eau, la résistance opposée à leur libre chute, si le liquide est en repos, ou le moindre changement de vitesse, s'il est en mouvement, enfin le plus petit choc des molécules entre elles, sont autant d'obstacles qui dérangent la marche qu'aurait suivie chaque grain s'il eût pu obéir isolément à l'action de son poids et qui l'empêchent de se rendre à la place que la gravité lui eût assignée.

La pesanteur, cette force si utilement mise à profit dans les opérations antérieures de la préparation mécanique, se trouve donc annihilée ou au moins profondément modifiée ici quant aux résultats à en attendre.

La forme qu'affecte le grain peut, en de certaines circonstances, être une cause de perturbation qui acquiert une influence d'autant plus grande que le volume de ce grain est moindre ; comme exemple nous citerons ces minces écailles de galène dues à un clivage très-facile que l'on voit, malgré leur grande densité, flotter à la surface de l'eau, même à plusieurs kilomètres au-dessous des laveries.

La ténuité excessive des boues les plus fines qui permet de dire, pratiquement parlant, qu'elles refusent de se déposer, est encore une cause de perte à signaler ; car souvent on est amené à les laisser se perdre, à cause des dépenses et de l'emplacement que nécessiterait la grandeur exagérée des bassins nécessaires pour les recueillir, du temps qu'il faudrait pour attendre que leur dépôt fût accompli, et aussi parce que, une fois récoltées, leur enrichissement échappe à tous nos moyens d'action.

Enfin une dernière difficulté provient encore de leur tendance à l'agglomération et à former pâte dès qu'on les laisse se déposer, et cela surtout quand le minerai est argileux. Alors on éprouve toujours une certaine peine à les remettre en suspension de manière à isoler complétement les grains les uns des autres, condition éminemment essentielle pour obtenir des machines un bon travail.

Aussi les difficultés que présente le traitement des fins, les déchets qui en résultent et leur grande abondance font-ils une loi impérieuse de rechercher, pour leur traitement, toutes les conditions possibles d'économie, c'est-à-dire l'emploi des outils à marche continue et leur transport sans main-d'œuvre d'un appareil à l'autre, en ne leur laissant pas le temps de se déposer avant l'enrichissement complet.

Les cribles étant reconnus impuissants, et les effets dus à la pesanteur devenant de moins en moins sensibles à mesure que les matières à traiter deviennent de plus en plus petites, il a fallu, en employant d'autres appareils, appeler au secours de la pesanteur d'autres principes qui, combinés à son action, permettent d'obtenir des résultats, sinon entièrement satisfaisants, du moins industriellement acceptables en attendant mieux ; pour ce faire, on a mis à profit la plus ou moins grande résistance que les grains opposent à la descente sur une surface plus ou moins inclinée, cette surface étant la matière elle-même déjà déposée comme dans les round-buddles et les tables à secousses, où une matière étrangère telle que le bois, le métal ou des toiles, comme dans les tables tournantes ou les tables à toile sans fin ; la résistance à la descente étant produite, soit par le simple frottement des grains sur les surfaces polies, soit par les anfractuosités des surfaces lorsqu'il s'agit d'une toile ou d'une couche préexistante de la matière elle-même. Quant à l'entraînement, il est dû à l'effort d'un courant d'eau, cet effort ayant un effet d'autant plus actif que le courant sera plus vif, et que le grain sur lequel il agira présentera à son action une surface plus grande et lui résistera par un poids moindre.

La différence des densités des grains composant le mélange à traiter aidera aussi à opérer la séparation ; car pour deux corps de poids égaux, mais de densités différentes, les résistances par frottement seront sensiblement égales, mais le corps de densité moindre ayant un volume plus grand, présentera alors plus de prise au courant d'eau, et, par conséquent, il pourra être entraîné quand l'autre résistera encore.

Remarquons, pour compléter nos observations, que plus un grain est petit, plus sa surface prend d'importance par rapport à son volume ou à son poids ; en effet, dans les corps géométriquement semblables, les surfaces croissent comme le carré des dimensions, et les volumes comme le cube de ces dimensions. Nous trouvons donc là l'explication de la difficulté croissante que l'on éprouve à séparer les minerais de leurs gangues à mesure que les grains deviennent de plus en plus fins, puisque la résistance à l'entraînement qui dépend du poids décroît plus vite que l'influence due au courant qui, elle, est une fonction de la surface.

Après cet examen rapide des conditions générales et des difficultés du traitement des matières fines, on arrive à comprendre que les soins à y apporter doivent être d'autant plus minutieux que les obstacles inhérents à la nature même de ces matières sont plus nombreux et que le mélange à traiter est plus complexe.

Marche générale du traitement des sables et des boues. — La marche générale du traitement pour les sables et les boues est la même que celle que nous avons exposée déjà pour les grenailles, c'est-à-dire que l'on procède encore ici par classements et par séparations successives, puis par rebroyages pour les mixtes provenant des appareils de séparation. Ces mixtes, composés de matières contenant, pour chaque grain, des particules adhérentes de gangues et de minerai, sont trop riches pour être abandonnés avec les stériles ; mais le minerai y étant en proportion insuffisante pour que le tout puisse être livré avantageusement, en cet état, au traitement métallurgique, il est alors nécessaire de les enrichir encore.

Dans ce qui va suivre nous retrouverons donc des appareils ayant à remplir des fonctions analogues à celles que nous avons vu accomplir en parlant du traitement des grenailles, et, bien que les principes mis en jeu diffèrent, nous retrouverons néanmoins des classeurs qui correspondent aux trommels, des dégrossisseurs qui correspondent aux cribles continus, et enfin des appareils d'enrichissement dont les analogues sont les cribles finisseurs.

Classement. — La première opération du traitement des sables et des boues est donc de les diviser en plusieurs catégories capables de se prêter isolément, dans les meilleures conditions possibles, à la séparation des grains plus ou moins hétérogènes. Mais ici, alors que le classement le plus minutieux, le plus complet, serait la première et la plus importante des conditions à remplir pour un bon traitement, il arrive, malheureusement, qu'on se trouve en face des difficultés signalées plus haut, qui croissent à mesure que la nécessité d'obtenir ce bon classement devient elle-même plus impérieuse.

Appareils classificateurs. — Sauf de rares exceptions, les classeurs pour les fins, de même que les trommels pour les grenailles, n'opèrent, par eux-mêmes, aucun enrichissement; ils sont seulement destinés à produire les catégories dont nous venons de parler. Mais la nécessité de combiner, pour le travail des sables et des boues, l'influence des poids avec celle des surfaces fait que l'on a dû, pour leur classification, chercher à obtenir un résultat opposé à celui vers lequel on tend lorsqu'il s'agit du traitement des grenailles. Ainsi, tandis que dans le premier classement on s'est efforcé de réunir des volumes aussi égaux que possible, dans celui qui nous occupe actuellement on tâche, au contraire, de rassembler dans une même classe des parties métalliques d'un faible volume, jointes à des stériles d'un volume plus fort. Les classificateurs que nous allons décrire satisfont plus ou moins bien à cette condition que tous tendent à réaliser.

Le plus ancien et aussi l'unique classeur employé il y a encore peu d'années était le labyrinthe, que tout le monde connaît. Suivi de bassins de dépôt, en nombre plus ou moins grand, il servait pour les sables et les boues, et ne donnait qu'un classement éminemment grossier.

Après le labyrinthe sont venues les caisses pointues de M. Rettinger, qui donnent des résultats incontestablement plus satisfaisants et qui sont encore d'un emploi général pour le classement des boues proprement dites, faute de mieux.

Mais, pour le classement des sables, des innovations plus ou moins heureuses ont été proposées, et il en est résulté toute une série d'appareils nouveaux, analogues entre eux, dont la combinaison repose sur les principes suivants :

Des sables et des boues étant ensemble en suspension, dans un courant d'eau animé d'une vitesse horizontale quelconque, tendent à se déposer successivement, en vertu de la pesanteur. C'est là le principe des anciens labyrinthes.

Mais, à cause des actions réciproques des molécules entre elles, il arrive que des particules légères sont entraînées mécaniquement par de plus grosses et qu'elles se déposent bien plus tôt qu'elles n'auraient dû le faire : c'est un inconvénient. Pour y parer et en même temps pour augmenter la différence entre le volume des grains pauvres et celui des grains riches, on a recours à un artifice qui consiste à faire agir verticalement, de bas en haut, une injection d'eau ; ce courant ascendant pouvant être, on le conçoit, d'une intensité suffisante pour équilibrer l'action de la pesanteur et s'opposer à la chute des grains les plus gros. A partir de cette hypothèse extrême, si l'on diminue peu à peu la vitesse du courant vertical, il arrivera un moment où les grains les plus lourds commenceront d'abord à se déposer, et à mesure que l'on modérera l'action du courant, d'autres grains plus légers feront de même.

Si donc on imagine un appareil fractionné en plusieurs compartiments dans chacun desquels agit un courant ascendant, réglable à volonté, on comprend qu'il sera facile, par un tâtonnement intelligent, de réunir dans chaque case des matières appropriées, aussi bien que possible, au travail de séparation auquel elles doivent être soumises postérieurement.

Voyons maintenant comment la pratique a réalisé ces données.

Cône classificateur. — Le plus complet de tous les appareils de classification est celui qui est connu sous le nom de cône classificateur. Il se compose (pl. 55 fig. 1) d'un tronc de cône renversé a, a dans lequel on introduit un autre cône concentrique b, b pouvant, à volonté, s'élever ou s'abaisser à l'aide de la vis c ; il est percé à sa partie inférieure de trous d, d. Ce mouvement vertical du cône intérieur permet d'augmenter ou de diminuer, suivant les besoins, la section de l'espace annulaire ab, ab compris entre les deux cônes.

Le cône extérieur fixe est entouré, à sa grande base, par une cuvette e, e, et il se termine, vers le bas, par un évasement cylindrique f communiquant avec l'alimentation d'eau par une vanne g ; il porte en outre un petit cône h qui, à son sommet, se termine par un orifice i qui livre un écoulement au liquide et aux matières déposées.

Voici maintenant comment fonctionne l'appareil :

Les sables et les boues, c'est-à-dire toutes les matières inférieures à 3/4 de millimètre, en suspension dans un courant d'eau, viennent se déverser dans le cône intérieur b, b et passant par les trous d, d, elles arrivent dans l'espace annulaire ab, ab où elles rencontrent le courant ascendant introduit et réglé par la vanne g. La séparation commence alors à se produire ; les matières capables de résister au courant ascendant tombent au fond, et sont évacuées par l'orifice i, tandis que les plus légères, subissant l'influence de l'entraînement, sont emportées et déversées dans la rigole du haut e, e pour être expulsées hors de l'appareil par le bec k. Il en résulte donc un classement, non par volumes, mais dans lequel le poids est combiné avec la surface des grains, et les produits recueillis par le bas seront d'autant plus gros que les deux cônes seront plus rapprochés et que la quantité d'eau introduite par la vanne sera plus grande.

Ceci exposé, supposons une suite de cônes placés par étages de telle sorte que le bec *k* du premier vienne se déverser dans le cône intérieur d'un second, le bec de celui-ci dans le cône mobile d'un troisième, et ainsi de suite ; supposons encore que l'écartement des cônes, dans chaque appareil, ainsi que l'introduction d'eau soient convenablement réglés pour obtenir, dans chacun d'eux, des vitesses décroissantes ; il est alors certain que les matières se classeront de manière à être de plus en plus petites, à mesure que l'écartement des cônes croîtra et que l'arrivée d'eau sera moindre.

Ces appareils se prêtent donc à toutes les exigences du travail, puisque l'on peut faire varier à volonté et indépendamment la section et la vitesse de l'eau dans cette section. Ajoutons encore que l'orifice d'évacuation *i* peut aussi varier à volonté, en raison de la quantité des matières à évacuer ; à cet effet, chaque cône est muni d'une série d'ajustages que l'on peut adapter avec la facilité la plus grande.

Une batterie se compose ordinairement de quatre à six cônes, ce nombre étant suffisant pour retenir tous les sables ; quant aux boues, elles sont rejetées par le dernier appareil pour aller se faire classer à part dans une suite de grandes caisses pointues.

Cône enrichisseur. — Dans de certains cas, et surtout lorsqu'il s'agit d'un minerai simple, le premier cône en tête de la batterie peut être employé d'une manière toute spéciale comme véritable enrichisseur.

En effet, nous avons dit plus haut que l'on peut donner au courant ascendant une intensité suffisante pour empêcher le dépôt d'aucun grain ; on comprend facilement aussi que vers cette limite extrême, en modérant avec précaution l'intensité du courant, soit en manœuvrant la vanne, soit en manœuvrant le cône mobile, on obtiendra un courant tel que les grains les plus lourds pourront seuls lui résister ; ces grains seront des riches ou au moins des mixtes. Dans ce cas, le cône devient donc un véritable enrichisseur capable, en de certaines circonstances, de remplacer très-avantageusement le caisson allemand.

Cône débourbeur. — Dans la première partie de cette note, nous avons dit, en parlant du criblage des fines grenailles, qu'il est important de les soumettre à un débourbage aussi complet que possible avant de les passer aux cribles, à peine de non-réussite dans cette opération. Le cône est encore l'outil à préférer pour l'accomplissement de cette opération ; dans ce cas, on règle la vitesse du courant de telle façon que toutes les grenailles doivent résister à son action, et cela est facile. Le cône doit être placé alors sous le trommel, pour en recevoir directement tous les produits à débourber au fur et à mesure de leur production.

Cylindre débourbeur. — Comme dérivé du cône, on emploie aussi, pour le débourbage des sables et pour leur dégrossissage, un appareil dans lequel la forme conique a été remplacée par des cylindres.

Lorsque les matières sont en grande quantité et qu'un débourbage moins soigné peut suffire, cet appareil cylindrique est alors d'un emploi avantageux; cependant il ne faut pas perdre de vue que la section annulaire restant toujours constante, il ne peut être alors réglé qu'en faisant varier l'injection d'eau, ce qui le rend moins parfait que le cône.

Le cône est dû à M. Rettinger, et doit être considéré comme un perfectionnement à ses caisses pointues; la *Revue universelle*, t. XII, page 525, en a donné les détails : c'était alors un simple débourbeur qui opérait inversement à la marche adoptée aujourd'hui, puisque les matières entraient par le haut de la section annulaire pour sortir par l'axe du cône mobile.

Quelles que soient les transformations par lesquelles il a dû passer, le cône est aujourd'hui incontestablement le classificateur qui donne les résultats les plus satisfaisants; mais, par contre, c'est aussi celui dont l'installation est la plus coûteuse et qui consomme la plus grande quantité de liquide.

Pour obvier à ce double inconvénient, on a imaginé les caisses de classification, qui ne sont en résumé que des cônes incomplets, et dont, par conséquent, on doit attendre un moins bon service.

Caisse de classification. — Qu'on imagine (pl. 56, fig. 2) une caisse *a, a*, ayant en plan la forme d'un trapèze et dont le fond est formé par un certain nombre de pyramides ou de cônes renversés, terminés à leurs sommets inférieurs par des orifices *c, c, c*, identiques à ceux du cône ci-dessus décrit; au-dessus de cette caisse, et régnant sur toute sa longueur, qu'on place une conduite d'eau horizontale *d, d* portant les branchements verticaux *e, e, e* en nombre égal à celui des cases coniques ou pyramidales, et descendant jusqu'au fond pour y apporter un jet continu de liquide; on aura une caisse de classification.

Voici maintenant comment elle opère. Les matières en suspension arrivent par le petit côté du canal supérieur et coulent au-dessus des cases en laissant déposer les sables dans chacune d'elles, les plus gros en tête et les plus fins en queue. Les courants ascendants, produits par les injections des tuyaux *e, e*, dont le débit est réglé convenablement à l'aide de robinets, servent à chasser de chaque case les grains plus légers que ceux que l'on doit normalement y recueillir, et dont la présence est due à un entraînement mécanique provenant de leur contact avec des grains plus lourds. Ils remontent alors pour être repris par le courant horizontal qui les emporte dans le compartiment voisin, et ainsi de suite, comme dans une batterie de cônes.

Bien entendu que la section des compartiments ainsi que l'évasement du conduit horizontal doivent être en rapport avec les classes à produire, la nature du minerai à traiter et la quantité sur laquelle on doit agir. Sa production varie de 5 à 10 tonnes pour une consommation d'eau de 120 à 150 litres par minute.

Cet appareil, beaucoup plus économique de construction que le précédent, consomme moins d'eau et permet un rendement plus considérable; aussi est-il plus généralement employé, malgré l'infériorité des produits qu'on en obtient.

ENRICHISSEMENT DES SABLES ET DES BOUÉS. — Après leur classement, les sables et les boues sont livrés à des appareils spéciaux qui ont pour fonction de séparer les matières stériles des matières utiles et de concentrer ces dernières de telle sorte qu'elles soient amenées au titre voulu pour être livrées à la fonderie.

La teneur qui fixe la limite de l'enrichissement est une variable impossible à déterminer *à priori;* elle dépend, en effet, de la nature du minerai, de sa composition simple ou plus ou moins complexe, de la valeur du métal principal, et quelquefois aussi de la teneur en argent ou or de l'un des éléments composants, du prix de la main-d'œuvre, etc., et enfin de la distance de la laverie au lieu de fusion.

Plus on enrichira, moins le métal à livrer à la fonderie qui doit l'élaborer sera grevé du prix de ce transport, et plus les frais de réduction seront diminués; mais, par contre, la laverie à édifier devant être plus complète, elle nécessitera alors une mise de fonds plus importante, et la main-d'œuvre croîtra aussi bien que les déchets, la consommation d'eau et la puissance motrice.

Comme on le voit, il y a donc à tenir compte d'une foule de considérations techniques et économiques, variables dans chaque centre de production et pour chaque gîte en particulier, que l'ingénieur doit connaître, afin de les comparer et de les combiner entre elles. Ici, il sera conduit à enrichir peu pour éviter la main-d'œuvre et les déchets, tandis que là il lui sera plus avantageux de concentrer beaucoup, afin d'isoler des matières stériles dont le transport eût été onéreux. En un mot, disons qu'administrateur et ingénieur tout à la fois, il doit, usant de son discernement et de son expérience, après une minutieuse comparaison de tous les éléments du problème, savoir déterminer un degré d'enrichissement tel, qu'il donnera un minimum pour l'ensemble des dépenses et un maximum pour celui des bénéfices.

Ajoutons encore, pour terminer, qu'en général l'enrichissement des grenailles est poussé plus loin que celui des sables; l'enrichissement de ceux-ci plus loin que celui des boues, de manière à obtenir, par le mélange de ces trois produits, une teneur moyenne aussi rapprochée que possible de celle expérimentalement reconnue la plus convenable pour satisfaire aux conditions ci-dessus.

Tous les appareils que nous allons avoir à décrire, ayant à élaborer des matières excessivement ténues dans lesquelles les propriétés mises en jeu, pesanteur, surfaces, frottement, sont si faiblement accusées, que le moindre obstacle en trouble la libre action, demandent, par conséquent, une grande perfection d'exécution pour posséder une sensibilité aussi complète que possible. Nombreux et variés au premier aspect, nous verrons, en les examinant plus loin avec plus d'attention, qu'ils dérivent tous plus ou moins directement du même outil, que chaque dérivé a été conçu par suite d'une nécessité à satisfaire, et, par conséquent, que tous sont utiles, mais pas indifféremment l'un à la place de l'autre; correspondant à des besoins divers, ils doivent être employés à la place qui convient pour donner de bons résultats.

Les plus anciens appareils sont : la table dormante, le caisson allemand et la table à secousses; leur caractère commun est d'être intermittents et d'exiger chacun des ouvriers spéciaux attachés constamment à leur mise en fonction. Aujourd'hui l'emploi du caisson et de la table dormante est considérablement restreint ou presque complétement abandonné; la table à secousse seule a résisté, et avec raison, selon nous, car, dans la plupart des cas, il serait difficile de terminer l'enrichissement sans son concours; seulement, par des modifications dans sa construction et dans son emploi, on a pu rendre son action plus régulière et obvier dans de certaines limites aux inconvénients de sa marche intermittente.

Nous aurons plus tard à nous étendre sur ces considérations économiques qui dépendent surtout du groupement des outils et des fonctions qu'on en exige, après avoir achevé la description des appareils nouveaux qui sont : les tables tournantes, les tables à secousses sans fin, et les distributeurs.

TABLES TOURNANTES. — Les tables tournantes qui nous viennent du Hartz représentent une très-heureuse combinaison du round-buddle anglais (table conique fixe), et du travail sur tables dormantes tel qu'il se pratique au Hartz.

Dans les round-buddles, on le sait, la matière livrée au centre de l'appareil, vers son point culminant, descend en s'épanouissant vers la circonférence entraînée par le courant d'eau, de sorte que les matières riches, c'est-à-dire les plus lourdes, par conséquent, sont retenues en formant une couronne autour du sommet, tandis que les matières légères et pauvres sont emportées vers la circonférence extérieure.

Depuis l'invention du round-buddle anglais, M. Hündt, ingénieur au pays de Siegen, a imaginé, sous le nom de table à entonnoir[1], un appareil dans lequel la marche des matières est complétement inverse; c'est

1. *Revue universelle*, quatrième série, cinquième livraison.

nn cône concave sur lequel les matières à traiter sont livrées vers le pourtour de la circonférence, pour être entraînées au centre où se trouve un vide annulaire par lequel les stériles peuvent s'échapper. Cette table a donné de bons résultats.

Les tables tournantes ont donc eu pour but principal de transformer en une action continue la marche intermittente du round-buddle, et leur première application a été affectée à la reprise de matières fines et pauvres, réfractaires à l'action des round-buddles et des tables à secousses; le jeu continu des tables tournantes, en supprimant toute main-d'œuvre, a permis l'enrichissement de ces résidus dont la reprise aurait été trop onéreuse pour être tentée autrement.

La construction des tables tournantes oblige, à cause du travail délicat qui leur est confié, à des soins tout particuliers; leur surface conique doit être aussi régulière que possible, et leur mouvement de rotation doit s'accomplir régulièrement, sans trépidations, si l'on veut en tirer un bon parti. Construites d'abord en bois, comme tous les autres appareils de préparation, elles présentaient, de ce fait, des inconvénients sérieux qui en ont retardé la vulgarisation. En effet, exécuter une grande surface conique de 3 à 7 mètres de diamètre, en bois bien ajusté, la tourner avec soin, c'est déjà une dépense notable; mais bientôt toutes ces précautions coûteuses se trouvent perdues par le jeu que le bois ne tarde pas à prendre, et tout est à recommencer.

Pour remédier à ces trop fréquentes déformations, un habile laveur allemand, M. Neurburg, a imaginé alors d'en opérer la construction en fonte; cette heureuse innovation dans l'emploi des matériaux a fait disparaître bien des difficultés, et, depuis lors, les tables tournantes sont devenues l'outil indispensable et le plus vulgaire pour le traitement des matières fines; l'expérience ayant démontré que c'est l'appareil qui se prête le plus économiquement à la séparation des minerais en mélange.

Les premières tables tournantes mises en application ont été celles dites *tables tournantes convexes;* mais depuis il en a été construit de *concaves,* à l'imitation des tables à entonnoirs de M. Hündt, et nous croyons que c'est à l'initiative de M. Neurburg qu'il faut les attribuer.

Dans l'état actuel des croyances, les tables concaves et les tables convexes sont regardées comme inaptes à accomplir le même travail. Les tables concaves sont généralement employées comme dégrossisseur des sables devant précéder le traitement sur tables à secousses, et auraient pour analogue le crible continu, tandis que les tables convexes sont plus spécialement réservées pour l'enrichissement des boues. C'est une manière de voir sur laquelle il n'y a pas lieu d'être encore bien fixé et qui laisse pour nous un doute qu'il serait intéressant d'éclaircir; mais, pour le moment, nous nous contenterons d'examiner les tables dans les détails de leur construction et de leur mise en marche.

Tables tournantes concaves, système Neurburg. — Une table annulaire concave, de construction allemande, se compose de la table proprement dite en forme de disque conique A (pl. 57, fig. 3), laquelle est solidaire, par calage, d'un arbre vertical B. A sa partie inférieure, cet arbre repose sur une crapaudine fixée sur le sol, tandis que son extrémité supérieure s'appuie à la charpente de l'atelier ; il porte en outre un pignon d'angle à l'aide duquel il reçoit son mouvement de rotation d'un arbre horizontal intermédiaire, convenablement placé, commandé par la transmission générale de l'usine.

Tout autour de la circonférence intérieure de la table, et en dessous, règne une rigole ou gouttière en tôle C destinée à recevoir et à évacuer les divers produits qui se sont classés, tandis que vers la circonférence extérieure, mais sur une fraction seulement de cette circonférence et en dessus, existe un tuyau circulaire ou bien une gouttière D, dont la fonction est d'arroser les matières pendant la rotation ; enfin deux tuyaux E et E', dont l'un à T, articulés pour être capables de prendre au-dessus de la table toutes les positions possibles dans un plan horizontal, sont, ainsi que la gouttière d'arrosage, percés de petits trous, afin que l'eau puisse s'en échapper par une infinité de petits jets. Le tuyau E' à T sert à enlever les mixtes qui se séparent à la partie inférieure de la surface annulaire, le tuyau droit est destiné au lavage complet de la table et il enlève, par conséquent, tous les riches qui ont été retenus vers la circonférence extérieure, c'est-à-dire à la partie la plus élevée.

Un tuyau en fonte F, posé sur le sol, fait le tour de la table ; alimenté d'eau par un branchement principal, c'est lui qui distribue le liquide à la gouttière D et aux tuyaux laveurs E et E', par l'intermédiaire de petits tuyaux verticaux garnis de robinets pour régler à volonté le débit.

Voici maintenant comment l'appareil se met en jeu :

Les matières convenablement délayées sont amenées, à l'aide d'un distributeur que nous décrirons plus loin, vers un point de la circonférence extérieure de la table entre le tuyau laveur droit E et la gouttière d'arrosage D ; la table étant animée d'un mouvement de rotation tel que les matières livrées sont obligées de passer au-dessous du jet de la gouttière d'arrosage, il en résulte que, pendant ce mouvement, les stériles sont peu à peu emportés avec l'eau, vers le bas, et tombent dans la gouttière C, laquelle est divisée à l'aide d'obturateurs mobiles en autant de cases de capacités convenables pour recevoir les trois produits stériles, mixtes et riches. Des trous ménagés au fond de cette rigole d'évacuation communiquent avec des tuyaux qui transportent, où on veut les recueillir, les produits de la table ; les stériles reçus dans une première case sont donc rejetés. La rotation continuant toujours après l'interruption de la gouttière d'arrosage, il ne reste plus sur la surface conique que deux zones bien distinctes ; vers le bas une zone plus ou moins large de mixtes, vers le haut une zone de riches. Le tuyau à T convenablement orienté arrête les mixtes au passage et par son jet de liquide les force à tomber dans le compartiment qui leur est réservé dans la gouttière C. Enfin, la zone supérieure des riches arrive à son tour vers le tuyau laveur E' qui, fonctionnant d'une manière analogue, ramasse les riches, les jette dans leur compartiment et alors la table se trouve complétement nettoyée. Tout ce travail s'est produit pendant une rotation entière de la table qui alors est revenue à son point initial. On conçoit que la charge des matières brutes étant sans intermittence, il en résulte un travail continu qui s'opère sans main-d'œuvre et par conséquent aussi économiquement que possible; et que la table une fois réglée peut travailler seule aussi longtemps qu'il plaira, à la condition que son alimentation ne soit pas interrompue.

Dans la pratique, la construction de cette table présente quelques inconvénients :

1° Le mouvement dont les tables sont animées étant toujours excessivement lent, il faut pour les actionner convenablement passer par une transmission intermédiaire, indépendante de la table, destinée à ralentir le mouvement de la transmission générale, ou bien si l'on veut les commander directement, on est alors amené à faire emploi des poulies ou d'engrenages de dimensions exagérées;

2° L'arbre vertical exigeant deux points d'appui, un sur le sol de l'atelier, un en haut pris sur la charpente, il en résulte souvent un certain embarras pour disposer convenablement la charpente à cet effet;

3° Toutes les pièces de l'appareil, table, arbre, rigole d'arrosage, rigole d'écoulement, tuyaux d'arrivée ou de distribution, etc., etc., étant indépendantes les unes des autres, l'assemblage de tous ces éléments isolés demande des soins minutieux et rend le montage long, compliqué et dispendieux ;

4° Les mouvements des tuyaux laveurs sont obtenus par de petits coudes taraudés qui se prêtent difficilement aux positions variables qu'il convient d'obtenir et favorisent les fuites;

5° Enfin de la grande quantité des assemblages ou des joints qu'il faut tenir étanches résulte nécessairement un entretien assez dispendieux.

Tables tournantes concaves, système Huet et Geyler. — Nous nous sommes proposé de faire disparaître ces imperfections de construction.

La pl. 57, fig. 4, représente une table tournante concave de notre système; quoique reposant sur le même principe que les tables allemandes décrites ci-dessus, elle est d'une construction toute différente.

La plaque de fondation B porte la rigole d'écoulement C, le tuyau d'alimentation F qui fait le tour de la table et sur lequel sont branchés les bras distributeurs *f, f, f* qui servent à soutenir la rigole d'arrosage D; enfin, cette plaque de fondation reçoit encore une vis sans fin K, prise sur l'arbre L, ainsi que des poulies P et P', l'une folle et

l'autre fixe, pour transmettre à la table le mouvement venant directement de la transmission générale. La rigole d'écoulement C est munie
d'une portée venue de fonte avec elle et régnant sur tout son pourtour,
tandis que la table proprement dite A porte à sa circonférence interne
une autre portée femelle, par laquelle elle repose sur la rigole d'évacuation. Un engrenage S, venu de fonte avec la table, accompagne la
portée M; il engrène avec un pignon R, placé sur un petit arbre vertical Q, lequel reçoit le mouvement de la vis sans fin K par un engrenage.
Tous les tuyaux de lavage sont articulés à rotules.

Enfin, l'expérience nous a conduits à adjoindre aux tuyaux laveurs des
tables allemandes un laveur supplémentaire E″ dont nous tirons de
grands avantages. Par la méthode allemande, la matière en partie épurée
par l'eau qui s'écoule de la rigole d'arrosage vient, comme on l'a vu,
se présenter à l'action du premier nettoyeur à T qui, placé vers le bas de
la table, balaye la partie inférieure de la couche déposée et laisse vers
le haut une partie métallique plus ou moins bien épurée, laquelle est
recueillie à son tour par le grand nettoyeur E. Cette partie considérée
comme riche est néanmoins, dans la plupart des cas, susceptible d'un
enrichissement plus complet encore; pour y arriver, nous avons ajouté
le troisième tuyau E″, lequel permet une épuration nouvelle, du premier
coup, sans qu'il soit besoin d'avoir recours à une nouvelle passe.

Voici comment nous y parvenons :

Le nettoyeur à T, remonté tout à fait vers le haut de la table, opère
sur le minerai un balayage énergique qui envoie du stérile ou des mixtes
dans la rigole d'évacuation et rassemble le riche en une bande étroite
immédiatement au-dessous du tuyau à T à son bout inférieur. Alors intervient le tuyau E″ également à T pour chasser une nouvelle partie des
impuretés qui se sont arrêtées tout à fait en bas de la table.

En résumé, dans nos tables, le sol est le seul point d'appui dont nous
faisons usage pour soutenir notre appareil, et le montage dépend seulement de la mise en place de la plaque de fondation. Quant à la marche,
elle est entièrement analogue à celle des tables allemandes, sauf l'emploi de notre tuyau enrichisseur.

Tables tournantes convexes. — A la mine de Corphalie, où l'on a eu à
traiter pendant un certain temps des plombs carbonatés à la teneur
de 10 p. 100 qui échappaient à tous les moyens d'enrichissement et sur
lesquels les tables à secousses étaient entièrement impuissantes, ce n'est
qu'avec le secours des tables tournantes qu'on a pu avoir raison de ces
matières.

Au Hartz, elles ont été également utilisées pour la séparation des galènes et des blendes, et cette opération délicate a été accomplie sur deux
tables successives. La première, qui recevait les matières brutes, donnait à son sommet de la galène pure, et la zone inférieure produisait de

la blende galéneuse qui, admise sur la seconde table, produisait à son tour de la galène vers le haut, et vers le bas un mélange à repasser encore. Les matières entraînées par les eaux étaient alors rejetées comme stériles.

Afin de se rendre bien compte des résultats pratiques obtenus sur le travail aux tables tournantes convexes, on a comparé leur rendement avec celui que fournissaient les tables dormantes, et cette comparaison a été tout à l'avantage des tables tournantes. Ainsi, en traitant des sables fins, une table tournante a passé sept fois plus de matières qu'une table dormante, le produit obtenu étant plus riche et le déchet, par entraînement, bien moindre.

Un gamin suffisant pour la conduite de plusieurs tables tournantes, tandis qu'il en faut un par chaque table dormante, on voit donc qu'elles donnent plus de matières utiles, en réalisant une double économie de temps et de main-d'œuvre. C'est en raison de résultats aussi satisfaisants que ces appareils se sont si rapidement répandus dans les laveries.

Tables tournantes convexes, système Neurburg. — La planche 57, fig. 5, représente une table tournante convexe, de construction allemande et du système Neurburg. C'est un anneau convexe en fonte A porté, comme la table concave, par un arbre vertical B; la rigole d'évacuation en tôle C est placée extérieurement au-dessous de la circonférence de la table; dans l'arbre vertical passe un tourteau F en fonte, creux et fixe, suspendu au-dessus de la table par des tringles de fer fixées sur la charpente de l'atelier. Un tuyau amène l'eau d'arrosage dans le tourteau, lequel, à son tour, la distribue à la rigole d'arrosement D et à tous les tuyaux laveurs.

Les matières à enrichir sont amenées sur la table, vers l'un des points les plus élevés, pour passer sous la rigole d'arrosage, et s'y dépouiller des stériles qui tombent dans la gouttière d'évacuation; enfin, les diverses classes à produire sont tour à tour enlevées par les laveurs, comme nous l'avons dit déjà à propos de la table concave. La différence la plus importante consiste dans la marche des matières qui est inverse, c'est-à-dire que dans l'une elles vont de la circonférence au centre, en parcourant une surface de plus en plus petite (table concave), tandis que dans l'autre (table convexe), elles marchent du centre à la circonférence, en ayant à franchir une surface de plus en plus grande.

Les mêmes inconvénients de construction déjà signalés, relativement à la table concave allemande, se représentent dans la table convexe que nous venons de décrire.

Tables tournantes convexes, système Huet et Geyler. — La table tournante convexe de notre système, qui a pour but de les faire disparaître, est représentée (pl. 57, fig. 6); comme dans les tables concaves,

la plaque de fondation de notre table convexe porte tous les accessoires,
c'est-à-dire :

La gouttière d'évacuation en fonte C ;

Le tuyau d'alimentation d'eau F sur lequel sont branchés les bras distributeurs f, f, f, qui, eux-mêmes, soutiennent la rigole d'arrosage D ;

La vis sans fin K, dont l'arbre est muni des deux poulies P et P'.

Sur le tuyau d'alimentation est venue de fonte la portée M, la table elle-même étant munie de la portée N par laquelle elle repose sur M.

Le mouvement est transmis à la table par l'arbre L, la vis sans fin K, laquelle commande le pignon O, solidaire du petit arbre Q, dont l'extrémité reçoit un autre pignon R qui engrène avec la roue S, venue de fonte avec la table.

Tout cela étant analogue à ce qui a été expliqué à propos de la table concave, nous devons nous abstenir d'entrer dans plus de détails.

La dimension des tables concaves ou convexes peut être variable et dépend de la nature des matières à y traiter, ou de l'importance de l'usine. On comprend facilement que plus une table sera grande, plus elle pourra, en effet, passer de matières dans un temps donné, et plus elle sera apte à enrichir des matières pauvres. Quant à la vitesse de rotation, elle varie avec la grandeur des tables, la qualité et la quantité des matières à enrichir, et aussi avec le genre de travail que l'on se propose d'accomplir. C'est donc une variable laissée à la sagacité et à l'intelligence du laveur, chargé d'en régler la marche. En général, on peut dire que la limite maximum de vitesse est déterminée par le temps nécessaire pour le dépôt et pour le lavage des matières livrées.

L'eau à introduire sur la table, soit celle qui arrive chargée des matières à laver, soit celle qui, pure et claire, est répandue pour opérer le lavage, doit être en quantité telle qu'elle s'étale aussi régulièrement que possible sur la surface de l'appareil en y formant de petites nappes régulières légèrement ondulées. Cette quantité d'eau doit varier en raison de la grosseur des matières, et, surtout, en raison de leur nature plus ou moins argileuse.

Ces quantités exprimées en chiffres sont :

Pour table concave de $1^m,70$ de diamètre, environ 60 litres par minute.

—	$2^m,50$	—	90	—

Pour table convexe de $2^m,50$ — 90 —

| — | 4 à 5 mètres | — | 120 | — |

La capacité de travail des tables est également très-variable, suivant la qualité des matières et la plus ou moins grande perfection du lavage à exécuter ; en moyenne elle sera de 2,800 kilos pour les petites tables, allant jusqu'à 6,000 kilos pour les grandes. Quant à la puissance motrice, elle est presque insignifiante et ne dépasse pas 1/4 de cheval.

Les tables convexes ou concaves ne doivent traiter que des matières préalablement classées. On devra adopter, dans les usines, des dispositions telles que les appareils de classification (caisses à courant ascendant pour les sables, ou caisses pointues pour les boues) puissent alimenter les tables le plus directement possible et sans main-d'œuvre, ce qui revient à dire qu'à chaque compartiment du classificateur doit correspondre une table chargée d'en élaborer les produits; mais il arrive souvent que l'importance de la laverie ne permet pas un développement de matériel aussi complet; dans ce cas, il faut recevoir les matières classées dans des réservoirs spéciaux, afin de les traiter les unes après les autres sur la table à ce destinée. Ce mode d'arrangement nécessitera une main-d'œuvre, pour vider le réservoir et déposer les produits au pied de la table, et une seconde manipulation pour l'alimentation de la table, alimentation qui devra être faite par un appareil spécial dit livreur ou distributeur, que nous décrirons plus loin.

Enfin, en attendant de plus longs développements qui auront leur place dans la troisième partie de cette note, ajoutons encore que les tables peuvent se combiner deux à deux, ou trois à trois, suivant les circonstances, afin que les matières, passant, sans frais et sans déchets, de l'une à l'autre, puissent s'y achever sans le secours d'aucune manipulation.

TABLES A SECOUSSES. — Les tables à secousses, première modification de la table dormante, sont trop connues de tout le monde pour qu'il soit nécessaire de nous y arrêter ici, autrement que pour signaler les changements apportés dans leur construction primitive si longtemps restée stationnaire. Cependant, pour rendre plus clair ce que nous avons à en dire, rappelons qu'après avoir été le seul et unique appareil d'enrichissement pour les matières fines, sables et boues, leur rôle est devenu aujourd'hui plus spécial, et que leur emploi se borne actuellement à traiter les sables proprement dits gros ou fins; mais dans ces fonctions restreintes, elles sont encore d'un usage indispensable dans les cas les plus généraux de la préparation mécanique, et l'on peut dire que les cribles et les tables à secousses sont toujours les outils fondamentaux de presque tous les ateliers de lavage.

Les éléments à considérer dans le jeu d'une table à secousses sont :

La *longueur*, qui doit être d'autant plus grande que les matières à traiter sont plus fines.

L'*inclinaison*, qui, toujours en raison directe de la grosseur des grains, prend quelquefois, dans des cas particuliers, une position telle que la tête se trouve plus basse que le pied, lorsqu'on traite des matières d'une extrême ténuité.

La *tension*, c'est-à-dire la force qui rappelle la table à son point initial de départ vers le buttoir qui détermine la secousse; elle croît avec la finesse des matières.

L'*amplitude*, ou espace dont la table se trouve éloignée de son point de repos; elle est proportionnelle à la grosseur des grains et toujours inverse à la tension; elle varie de 0,25 à 0,01, et même moins.

La *secousse*, qui doit être élastique pour les gros grains et d'autant plus sèche qu'ils sont plus fins.

Le *nombre des oscillations*, qui doit être tel que la table ne reste jamais en repos; il est donc en raison inverse de la grosseur des grains; ce nombre est de 25 jusqu'à 100 par minute.

Enfin, ajoutant encore que la *quantité d'eau* à répandre sur la table augmente avec la grosseur des produits, nous aurons signalé toutes les données principales dont il importe de tenir compte.

Une ancienne table à secousse consiste en une lourde table, formée par l'assemblage de plusieurs madriers, suspendue par des chaînes à un énorme bâti, également en bois, formant un tout compliqué, encombrant, d'un réglage imparfait, d'une marche irrégulière, se détraquant rapidement sous les chocs répétés de la mise en jeu.

Tables perfectionnées, système Neurburg. — M. Neurburg a considérablement amélioré la construction aussi bien que le jeu de ces outils; modifiant radicalement leur construction barbare, il a remplacé les lourdes charpentes par des supports en métal. La table est suspendue, en tête, à un bâti en fonte qui porte tout le mouvement, le buttoir et le distributeur; le pied de la table étant soutenu par deux colonnes en fonte. Tous les moyens de réglage sont prévus, l'accès de la table est rendu facile; en un mot, sa disposition réalise un véritable progrès, qui a été sanctionné par l'application.

Système de don Jose del Monasterio. — Un ingénieur espagnol, Don Jose del Monasterio, a proposé un mode de suspension dont le détail a été publié dans la *Revue universelle*. Il consiste en quatre étriers en fonte supportant la table à l'aide de deux essieux. L'idée était bonne, mais, malgré sa simplicité, elle n'a point été adoptée; mal étudiée dans son agencement, elle présentait des inconvénients nombreux.

Système Huet et Geyler. — Reprenant nous-mêmes l'étude de cette question, nous nous sommes proposés d'améliorer la construction des tables à secousses, de manière à rendre leur établissement aussi simple et aussi stable que possible, en facilitant tous les moyens de réglage et en les rendant surtout indépendants les uns des autres.

Nos tables à secousses (pl. 56, fig. 7) sont construites en métal, et, afin d'obtenir une grande stabilité, nous avons, comme Don Jose del Monasterio, cherché à prendre leurs points d'attache le plus près possible du sol, sans emprunter aucun point d'appui ni aux murs ni aux charpentes du bâtiment. De cette façon, nous arrivons à dégager l'appareil de tout attirail compliqué, son accès est rendu facile en tous sens, et rien ne gêne les manœuvres nécessaires au travail.

La table proprement dite A est en tôle et suspendue, savoir :

En tête par les bielles B B articulées à la table par un bout et par l'autre aux flasques C C, ces dernières solidement fixées à boulons sur les longrines L L qui reposent directement sur le sol.

En queue la suspension est analogue ; seulement, afin de pouvoir faire varier à volonté l'inclinaison de la table, les bielles B B sont articulées sur les crémaillères D D ; ces crémaillères, qui traversent les flasques C′ C′, solidaires des longrines L L, reçoivent leur mouvement de va-et-vient vertical à l'aide des pignons E E calés aux extrémités opposées de l'arbre F. Cet arbre est muni d'une roue G, commandée par le pignon H et la manivelle I ; deux rochets J J servent à retenir la table dans la position déterminée. Comme on le voit, les crémaillères ne sont autres que deux crics jumeaux qui, fonctionnant ensemble, forcent la table à se mouvoir toujours bien horizontalement.

Le mouvement de secousses à imprimer à la table est obtenu par la came K qui agit sur le mentonnet M, fixé sur la tige N, d'une manière variable, pour obtenir le changement de course à volonté à l'aide d'un filetage et des écrous f, f ; la tige N est articulée d'un côté sur la table elle-même, et de l'autre elle communique, par le levier O, avec un ressort P destiné à régler la tension, ce ressort peut se bander à volonté. Le nombre des secousses s'obtient d'une manière également variable à l'aide du cône Q placé sur l'arbre R.

Le choc de la table se répartit sur la traverse U, au moyen des buttoirs v, v composés d'une boîte en fonte, dans laquelle on encastre, suivant les besoins, du fer, du bois ou tout autre agent capable de produire le choc le plus avantageux.

Deux bâtis en fonte placés à l'arrière portent toute la transmission ainsi que le distributeur S.

Tables à secousses continues et sans fin. — Dans le but d'augmenter artificiellement la longueur des tables dormantes, un ingénieur anglais a imaginé des tables sans fin qui sont connues, depuis plusieurs années, sous le nom de tables Brunton. En possession de ce nouvel outil, les laveurs allemands ont immédiatement imaginé de le convertir en une table à secousses continues et sans fin. Cette transformation laissait dans son mode d'arrangement beaucoup à désirer ; aussi nous sommes-nous préoccupés d'en perfectionner la construction pour la rendre d'un emploi facile.

Tables à secousses continues et sans fin, système Huet et Geyler. — La table A (pl. 56, fig. 8.) se compose d'un châssis en tôle dont les extrémités sont armées de deux tambours sur lesquels est enveloppée la toile sans fin ; au milieu du châssis a été placé un troisième petit rouleau sur lequel repose la partie inférieure de la toile sans fin, et qui sert de tendeur.

Le châssis complet se trouve suspendu en tête par les deux bielles B, B, articulées au châssis et au bâti, et en queue par un système de crics jumeaux, semblable, en tout, à celui que nous avons décrit pour la table à secousse ordinaire. Le mouvement de rotation est communiqué à la toile sans fin par une grande poulie P qui est actionnée elle-même par la transmission générale. Le châssis reçoit les secousses par une came solidaire d'un arbre R qui repose sur le bâti; cet arbre est commandé par la transmission générale à l'aide de la poulie P′, calée à l'une de ses extrémités, à côté d'une autre poulie plus petite P″ qui actionne le distributeur S. La came transmet son action à un mentonnet, fixé sur le milieu de la traverse du haut du châssis mobile, lequel éprouve le choc en venant butter sur les boîtes à choc V, V, fixées sur le bâti à droite et à gauche.

La tension est réglable à volonté en roidissant un ressort qui se relie au châssis par le levier O et la tige N.

Un tuyau arrose les matières, qui sont parvenues en tête, pour les dégager encore des impuretés qu'elles ont pu entraîner, tandis qu'un autre tuyau détache complétement les riches, en nettoyant la toile sans fin, et les fait tomber sur la rigole Y, qui les porte dans leur réservoir.

Quant à la marche de l'appareil, elle est maintenant facile à comprendre.

La table étant réglée et mise en mouvement, le distributeur, après avoir rejeté les impuretés dans son conduit Z, laisse arriver, sur le chevet, les matières propres à l'enrichissement; ce chevet les livre, suffisamment délayées, à la table, au tiers environ de sa longueur en comptant de la tête. Les matières légères, en vertu de l'inclinaison de la table, sont entraînées vers le pied avec le liquide, tandis que les plus lourdes, qui adhèrent, sont remontées ; mais, arrivées en tête, elles doivent passer sous le tuyau arroseur qui les épure encore, en forçant les stériles à redescendre sous le chevet, pour le franchir et aller, avec les autres de même nature, tomber vers le pied, dans la rigole des stériles.

Cette table, comme on le voit, ne peut être employée avantageusement que pour traiter un mélange binaire, c'est-à-dire pour séparer un minerai simple de ses gangues, ou un mélange de plomb et de blende, par exemple, dont on aura déjà éliminé les gangues. En général, on la destine au travail des sables fins et pauvres que sa marche continue permet de traiter avec plus d'économie que sur les tables à secousses à action intermittente.

BOCARDS. — Lorsque les sables, après avoir été dégrossis sur les tables tournantes concaves, ont été épuisés sur les tables à secousses, il en résulte une catégorie mixte, composée de grains plus ou moins gros, dont la composition, pour chaque grain pris isolément, est un mélange adhérent de gangue et de minerai. Par leur ténuité, ces petits fragments échappant à l'action des broyeurs à cylindres, le seul moyen pratique, pour opérer le détachement de la matière utile de la gangue qui la retient, consiste à broyer fin et, par conséquent, à réduire en poussière; le bocard est le seul engin auquel on puisse, dès lors, avoir recours. Ici il est d'un emploi logique et avantageux, et une batterie de quelques flèches aura naturellement sa place bien indiquée entre les tables à secousses et les tables tournantes convexes.

La construction des bocards n'ayant subi aucune modification notable, nous nous dispenserons d'en parler plus longuement.

LIVREURS-DISTRIBUTEURS. — En parlant des tables soit tournantes, soit à secousses, nous avons souvent prononcé le mot de distributeur; en effet, une précaution très-importante pour le bon usage de ces outils, c'est de leur livrer des matières aussi bien délayées que possible, dans un volume d'eau convenable, et de les leur livrer en quantités toujours aussi égales que possible, à peine de troubler leur marche.

Un bon livreur-distributeur, et, disons-le de suite, il n'en existe pas encore de bien complet, devrait, en marchant automatiquement, prendre, dans un temps donné, toujours la même quantité de matière, la barboter convenablement pour la réduire en une boue bien homogène et la répandre ensuite, d'une manière constante et régulière, sur la table, en retenant les petites pelottes argileuses insuffisamment délayées, les matières étrangères ou les fragments trop gros. En attendant que l'on soit arrivé à la réalisation de ces conditions, on fait usage, en tête de toutes les tables qui sont alimentées à la main, d'un livreur-distributeur qui réalise une partie des exigences que nous venons d'énoncer.

Voici en quoi il consiste (fig. 9, pl. 36) :

Une trémie A communique avec un tambour tournant B, lequel est intérieurement armé de pointes ayant pour fonction de diviser les mottes argileuses, et de les mélanger au liquide qui arrive en même temps dans le tambour. Une tôle C perforée de trous de environ $10\ ^m/_m$ fait diaphragme et s'oppose à la sortie des particules trop grosses ou imparfaitement délayées. Tout ce qui a pu traverser la tôle C est enlevé par des palettes DD, imitant le mouvement de l'écope, pour être répandu sur un petit trommel F, adhérent au tambour, et muni d'une tôle perforée à $1\ ^m/_m$; ce trommel rejette en E, dans un conduit qui les isole, toutes les parcelles trop grosses, tandis que celles qui peuvent traverser sa tôle perforée tombent en G dans le couloir qui les livre sur table.

La trémie A est alimentée à la main par un gamin ou une fille, et toute la bonne marche de la table dépend de la régularité avec laquelle ce service est accompli. C'est un inconvénient qu'il importerait de faire disparaître.

ÉLÉVATEURS. — Pour terminer ce qui nous reste à dire sur le matériel des laveries, nous devons encore signaler les élévateurs.

Les chaînes élévatrices à godets, d'un emploi si fréquent dans un grand nombre d'industries et d'un usage continuel dans les laveries, présentent à la pratique divers inconvénients.

1° Elles ne peuvent pas élever verticalement les matières à cause de l'obliquité que nécessite leur mode d'action ;

2° Elles obligent à un guidage souvent encombrant ;

3° Pour que les godets puissent se vider, on est obligé de leur imprimer une certaine vitesse qui, la plupart du temps, dans les laveries, n'est point en relation avec celle des appareils qu'il s'agit de desservir ;

4° Les godets, pour être remplis, doivent être presque toujours alimentés à la main, d'où résulte une dépense de main-d'œuvre, ou bien ils sont obligés de racler sur le fond du récipient d'approvisionnement, et de ce mode d'action résulte alors un frottement continuel qui, prenant inutilement de là force, est une cause de rapide usure, et donne naissance en même temps à des ruptures par suite de coinçage.

Depuis longtemps, frappés de ces imperfections, qui nous occasionnaient des arrêts continuels, nous avons été amenés à faire usage d'un élévateur qui les fait disparaître en grande partie.

Il peut élever les matières verticalement aussi bien que dans toutes autres positions.

Il n'exige pas de guides.

Il peut fonctionner à toutes les vitesses et à toutes les hauteurs avec certitude que les godets se déverseront toujours dans le récipient voulu, à droite ou à gauche, à volonté.

Enfin, pour se remplir, les godets n'ont à subir aucun frottement et leur remplissage s'opère sans efforts ni main-d'œuvre, en vertu même du poids de la matière à élever, qu'elle soit en morceaux, en grenailles, en sables ou en boue.

Élévateur Huet et Geyler. — Voici en quoi consiste cet élévateur :

Une trémie A (pl. 55, fig. 10) reçoit les matières qu'il s'agit d'élever pour les porter dans une autre trémie B ; une calotte C, à section circulaire, montée sur un arbre de rotation D, porte une couronne sur laquelle sont ménagés une suite d'orifices O, O, O, avec des croissants d'accrochage K, K, K... Une calotte absolument identique est placée au niveau supérieur qu'il s'agit d'atteindre, soit dans la verticale, soit sur une oblique.

Une chaîne sans fin composée d'une suite de godets G, G, G, articulés l'un à l'autre par des boulons H, H, H, enveloppe les deux calottes de telle sorte que les godets se présentent toujours soit au-dessus, soit au-dessous des vides ménagés dans les couronnes, tandis que les boulons H, H, H sont saisis par les croissants K, K, K.

Si maintenant on imagine que le mouvement de rotation est imprimé à l'un des arbres, D, cet arbre, en tournant, entraînera avec lui la calotte qui y est fixée, celle-ci entraînera la chaîne à godets, de telle sorte que tout le système participera au mouvement. Alors si la trémie inférieure est remplie des matières qu'il s'agit d'élever, ces matières pénétreront par les orifices O, O dans les godets, à mesure qu'ils se présenteront au-dessous de la trémie, elles seront emportées sur la calotte du haut, et, lorsqu'elles seront arrivées dans la position opposée, elles se videront par les vides de la couronne, c'est-à-dire que les godets se déverseront dans la trémie supérieure.

Comme application nous supposerons, par exemple, qu'il s'agit de porter les produits d'un trommel séparateur dans le trommel classeur qui doit les séparer pour le criblage. Chacun de ces trommels sera armé d'une couronne sur laquelle viendront successivement s'appliquer les godets, et le transport se fera sans intervention de la main. Cette disposition est indiquée dans l'ensemble de la planche 56, fig. 14 et 15.

AVANTAGE DE L'EMPLOI DES MÉTAUX SUR LE BOIS POUR LA CONSTRUCTION DES APPAREILS DE LAVAGE. — Les types d'outils que nous venons de décrire font voir combien le matériel nouveau des laveries diffère de celui des anciens établissements, et avec quelle facilité il est aujourd'hui possible de remplacer presque partout la main-d'œuvre par l'action mécanique.

La construction ancienne, grossière et mal soignée, dans laquelle le bois entrait exclusivement comme élément principal, n'arrivait qu'à des résultats tellement imparfaits, qu'elle a dû tendre peu à peu à des perfectionnements que la pratique reconnaissait impérieux ; alors des formes plus convenables furent cherchées et des outils nouveaux intervinrent, de sorte que le bois, comme matière unique de construction, devint impossible, sinon d'une manière absolue, du moins économiquement parlant. Faire en bois un crible à cuve circulaire, ou établir dans les conditions de bon fonctionnement une table tournante entraînait à des dépenses telles qu'il fallut ou y renoncer, ou tourner la difficulté en empruntant le secours de matières nouvelles ; du reste, quelque bien faits qu'ils fussent, ces appareils en bois avaient encore un inconvénient majeur qui devait convaincre les routiniers les plus récalcitrants.

Qu'on suppose un crible ou une table conique, l'un et l'autre en bois, et dont les pièces sont assemblées et ajustées avec le soin le plus grand et le plus minutieux ; ces appareils, une fois terminés, devront entrer dans la laverie et y subiront les influences de l'humidité qui règne dans ces ateliers ; alors le bois se gonflera, et les appareils, quoique neufs, demanderont des retouches ; pour le crible, la besogne sera peut-être assez rapidement faite, mais pour la table, il faudra nécessairement en tourner la surface.

Si maintenant, pour des raisons quelconques, l'atelier doit subir un chômage plus ou moins prolongé, les outils seront alors soumis à toutes les alternatives de sécheresse et d'humidité, et lorsqu'il s'agira de remettre en marche, on trouvera un matériel disloqué qui exigera des réparations coûteuses, si toutefois il est encore capable de les subir; quoi qu'on fasse, sa réinstallation sera toujours incomplète, et il se produira des fuites qui occasionneront le gaspillage de l'eau et des matières fines; les axes déplacés détermineront des frottements qui absorberont de la puissance motrice et nuiront à la régularité du jeu des appareils. Enfin qu'un semblable atelier s'arrête complétement et pour toujours, et qu'il soit nécessaire de le transporter ailleurs; quel est l'outil en bois qui résistera à un déplacement ? On peut, dans ce cas, dire avec certitude que ce matériel est, dès lors, sans valeur aucune, et qu'il ne représente plus qu'une perte sèche.

C'est après avoir bien compris tous ces inconvénients, que les ingénieurs mineurs se sont décidés à recourir enfin à l'emploi du métal pour la construction de leurs appareils de lavage qui, à partir de ce moment, se sont rapidement perfectionnés.

Sans être d'un prix très-sensiblement supérieur à celui des outils en bois, le matériel en métal se compose de véritables machines ayant toute la précision nécessaire pour accomplir les opérations quelquefois très-délicates qu'on exige de leur jeu. Avec le fer et la fonte les formes pratiquement reconnues les plus favorables ont pu être adoptées; les assemblages rendus étanches ne permettent plus des pertes dont l'absence n'est pas sans intérêt; les déformations, dues aux variations météorologiques, ne sont plus à craindre, les axes, toujours en place, laissent au jeu de l'outil toute sa régularité; on réalise ainsi une économie d'eau, une économie de puissance motrice et d'entretien, en possédant un appareil d'une durée illimitée. Doivent-ils subir un arrêt plus ou moins prolongé, un transport plus ou moins éloigné? Rien ne peut endommager les outils en métal: pendant un chômage d'été ils sont insensibles à la sécheresse; par un hiver rigoureux, les robinets étant ouverts, les cuves et les tuyaux privés d'eau, la gelée la plus intense restera sans action sur eux.

L'outil actuel est donc un véritable meuble d'une valeur toujours réelle et n'ayant à supporter que des dépréciations de circonstance; ainsi donc, y eût-il même contre eux une différence de prix, il n'y aurait point à hésiter pour leur donner la préférence sur l'ancien outil de bois, et nous prétendons, en conséquence, que l'emploi des appareils nouveaux est, à tous points de vue, d'une saine économie aussi bien pour les plus petites que pour les plus importantes exploitations.

DISCUSSION GÉNÉRALE DES APPAREILS.

Reprendre l'examen des appareils anciens et nouveaux qui constituent le matériel des laveries, afin d'apprécier aussi convenablement que possible leur mode d'action ; les comparer entre eux pour les classer et être ainsi à même, suivant les circonstances variables de la pratique, d'en faire une application rationnelle, un groupement logique ; tel est le but général que nous nous proposons dans cette troisième partie.

APPAREILS POUR LES GRENAILLES. — A ce point de vue le traitement des grenailles ne nous arrêtera pas ; car nous avons vu que, pour le moment, la question est partout jugée en faveur d'un très-petit nombre d'appareils qui réunissent l'unanimité des préférences. Ainsi, pour la préparation du travail avant l'enrichissement, les machines à casser et les broyeurs à cylindres remplacent généralement les anciens pilons, et les trommels, pour le classement, se sont substitués aux tamis à secousses ; quant à l'enrichissement, nous n'avons vu qu'un seul appareil, le crible dont l'emploi exclusif est presque aussi vieux que la science des mines, s'est maintenu au premier rang et sans concurrence, en se modifiant néanmoins profondément.

On peut donc dire qu'il n'y a, pour le traitement des grenailles, qu'un seul outil industriellement appliqué, et que tout consiste à s'en servir avec intelligence. Cette application donne lieu à deux méthodes distinctes, pour chacune desquelles le crible est utilisé sous une variété d'action particulière.

La méthode anglaise, qui fait usage d'un crible à grille mobile, connu sous le nom de giging, opère sans classement préalable, tandis que la méthode par classement, ou méthode allemande, fait plus spécialement usage des cribles à pistons, c'est-à-dire à grille fixe.

Crible giging à grille mobile. — Le giging dans ces conditions joue véritablement un double rôle, il est un classeur en même temps qu'un enrichisseur. En effet, pour opérer de cette manière, on fait usage d'une batterie composée d'un certain nombre de gigings ; le premier est muni d'une grille avec perforation du calibre le plus gros, et les autres portent des grilles dont les numéros de perforation vont en décroissant. Les matières sont chargées sans classement dans le premier giging, subissent son action dont le résultat est de produire sur la grille l'enrichissement des produits qu'elle a retenus; tandis que tous les fragments plus petits qui ont traversé sont passés à leur tour sur le deuxième giging, qui opère comme le premier, et ainsi de suite jusqu'à épuisement des matières criblables. Nous aurons à revenir plus loin sur ce sujet, en comparant les deux méthodes.

APPAREILS SERVANT AU TRAITEMENT DES MATIÈRES FINES. — En voyant cette série d'appareils, si divers à première vue, qui servent au traitement des matières fines, on a lieu d'être effrayé des difficultés que doit présenter leur application; puis, par une observation plus approfondie, quand on réfléchit que tous concourent au même but, en mettant à profit les mêmes principes, on arrive à s'étonner de leur nombre, et on se demande alors s'il n'y a pas là une confusion inutile, s'ils ne pourraient pas, indistinctement, être employés l'un pour l'autre; ou mieux encore, si, par une étude comparative, il n'y aurait pas avantage a en faire un choix judicieux, et, en éliminant les plus incomplets, à n'en conserver qu'un seul qui, jusqu'à nouvel ordre, jouerait le rôle du crible et deviendrait ainsi son unique analogue dans le traitement des matières fines; ou bien enfin s'il n'y aurait pas convenance à en maintenir plusieurs; chaque type ayant une qualité déterminée qui le rendrait propre à un rôle spécial.

Que l'on entreprenne cette étude en parcourant les usines les plus en renom, en consultant les praticiens les plus autorisés, la confusion croîtra, et la première impression mènera au découragement.

En effet, on se trouve à chaque instant en face des dires les plus opposés, d'une anarchie qui surprend et déroute. Les appareils sont mêlés indistinctement entre eux, sans qu'on puisse, tout d'abord, trouver une raison plausible à ces groupements de fantaisie. Consultez alors, interrogez, et vous recevrez, de la part des laveurs les plus expérimentés, les réponses les plus contradictoires. A propos du même appareil, tel vous dira qu'il est un excellent dégrossisseur, tandis que plus loin, répudié à ce titre, il est déclaré au contraire être un excellent finisseur; dans une usine, il est impuissant pour les sables; dans une autre, c'est pour les boues. Encore si ces divergences d'opinions se manifestaient seulement dans des districts éloignés les uns des autres, ayant des conditions différentes, des minerais dissemblables, l'étonnement serait moins grand; malheureusement ces oppositions de vue se professent dans un même lieu, dans des établissements voisins où, la plupart du temps, on traite des matières identiques. Chacun prétendant faire de son outil le meilleur usage qu'il soit possible, et critiquant celui qu'en fait son voisin, il devient alors très-difficile, entre ces opinions si dissemblables, de fixer ses propres idées.

Ce manque de doctrine est on ne peut plus dangereux; il a été la cause de bien des fautes, de bien des hérésies dans la plus grande partie des usines établies en France : aussi, dans le but d'éclairer ces questions vraiment intéressantes, et pour éviter à notre industrie des mines, encore peu florissante, malgré les éléments nombreux de succès dont notre sol est si riche, les écoles dont elle a été et dont elle est sans cesse victime, il importe d'ouvrir la discussion, de provoquer la mise à jour des opinions des praticiens les plus autorisés, pour créer cette doctrine dont l'absence nous fait défaut.

On a déjà beaucoup écrit sur la préparation mécanique des minerais, malheureusement les praticiens se sont abstenus; aussi les divers mémoires ou notes qui ont été publiés se bornent-ils à des descriptions d'outils, à des monographies d'usines, sans attaquer jamais la question vive. De là des imitations dangereuses et des insuccès onéreux qui n'auraient point eu lieu, s'il avait existé un point de départ solide, basé sur l'étude du jeu des appareils, rendant un compte rationnel de leurs fonctions et de leur marche, permettant enfin d'établir un parallèle entre eux et d'en déterminer le choix.

Aborder ce problème et en hâter la solution nous paraît donc aussi utile qu'intéressant; et, tout en reconnaissant la difficulté de cette tâche, nous n'hésitons pas à entamer l'étude qui va suivre, désireux d'appeler sur elle l'attention des hommes spéciaux, et de provoquer la discussion dont, tôt ou tard, mais toujours, jaillit la vérité.

Ceci posé, nous abordons la question sans parti pris, sans prétention de vouloir juger d'une manière absolue de l'usage qui doit être fait de tel ou tel outil, et toujours disposés à compléter ou modifier nos conclusions à mesure que les faits pratiques viendront les appuyer ou les détruire. Le cadre de ce mémoire laissera sans doute bien des choses à dire et à désirer, nous le savons, et nous nous proposons d'y revenir; en tout cas, la voie est ouverte, et si d'autres peuvent la parcourir avec plus de succès, à eux de le faire, nous les y convions.

Avant d'entrer dans l'étude des conditions de marche de chaque outil et d'en comparer le mode d'action, nous devons signaler une lacune qui, selon nous, jette une grande perturbation dans les appréciations que l'on peut faire.

En effet, un minerai quelconque étant donné, nous avons vu que la première préoccupation du laveur consiste à le classer en deux grandes catégories :

Les grenailles et les matières fines.

Or la limite de ces deux divisions est complètement arbitraire : elle avance ou recule en raison de la perfection plus ou moins grande du criblage, c'est-à-dire par conséquent en raison de la perfection apportée dans la construction des cribles ; mais quelle qu'elle soit, on aura toujours avec les grenailles des fragments si petits que le crible n'en tirera bon parti qu'avec une extrême difficulté, tandis que dans l'autre division elle introduira des grains trop gros pour être suffisamment sensibles à l'action du courant liquide sur les surfaces. En réalité, il y aurait donc lieu de former une catégorie intermédiaire, composée des grenailles les plus fines et des sables les plus gros, d'en faire alors un traitement spécial, si l'on trouvait pour cela un outil nouveau ; notre avis est qu'on y arrivera, et alors le traitement des matières fines sera considérablement simplifié. En attendant ces innovations désirables, prenons les faits tels qu'ils sont et abordons notre étude par celle des appareils de classement.

Appareils de classement. — *Labyrinthe.* — La théorie du labyrinthe est aussi simple que logique[1]. Un grain d'un volume quelconque étant abandonné à la surface d'un courant liquide d'une certaine profondeur, gagnera le fond du canal en un temps qui sera égal à celui que ce même grain aurait mis pour gagner le fond d'un récipient de même profondeur, rempli du même liquide en repos ; mais dans le courant, comme il obéit à la fois et à la pesanteur et à la vitesse d'entraînement, il décrira, pour gagner le fond du canal, une courbe parabolique d'autant plus allongée que son poids sera moindre. Ceci sous réserve bien entendu des influences dues à la forme. L'approximation pratique de cette loi sera d'autant mieux obtenue en application, pour un nombre donné de grains, que le courant aura lieu dans un canal à large section et de grande profondeur, capable d'annuler les influences réciproques.

Mais pour réaliser ces conditions d'une manière satisfaisante, il faut des quantités d'eau telles que, dans la pluralité des cas, il est impossible d'y songer, et l'on a été amené alors à restreindre les sections, de sorte que le labyrinthe est loin d'arriver aux résultats que promet cette théorie. Ses canaux, en général trop étroits, ne conservent pas pendant la durée d'une opération la constance de section qui est la condition capitale à remplir pour obtenir des produits suffisamment similaires en un point quelconque de leur parcours. En effet, dès que l'appareil est mis en fonction, les matières gagnent immédiatement le fond en décrivant leurs trajectoires, et à cause de ces dépôts il y a obstruction continue, c'est-à-dire diminution progressive de section ; or le labyrinthe recevant continuellement les mêmes quantité d'eau et de sables, il en résulte naturellement une accélération progressive de mouvement qui porte les grains de plus en plus loin ; d'où s'ensuit un mélange tel que de gros grains vont joindre et recouvrir des grains plus petits, dont ils auraient été séparés si la section fût restée constante ; pour amoindrir ces dé-

1. Voir *Annales des Mines*, t. XX, 4e série, Mémoire de M. Pernolet.

fants, qui résultent de l'obstruction des canaux et aussi pour recueillir les produits, on est obligé d'enlever à la pelle les matières déposées ; cette nouvelle manœuvre n'est pas sans une autre influence nuisible, puisqu'elle produit dans le régime des courants des remous très-défavorables au libre jeu de l'appareil ; en tout cas c'est une main-d'œuvre.

A cause de ces inconvénients, le labyrinthe oblige à une reprise des produits qu'il a fournis, et c'est sur le caisson allemand, employé à titre de classeur supplémentaire, que s'opère tant bien que mal cette rectification. C'est donc un traitement nouveau, c'est-à-dire un grave inconvénient qu'il faut porter au compte du labyrinthe. Enfin disons encore pour en finir avec lui que, quoi qu'on fasse, il est impuissant pour classer convenablement ; ce qui grève les traitements subséquents sur les tables en entraînant à des repassages nombreux.

Caisses pointues. — L'emploi des caisses pointues de M. Rettinger a modifié en l'améliorant le classement des matières fines.

En effet, lorsque les matières entraînées pénètrent dans les caisses successives qui constituent par leur groupement l'ensemble de l'appareil, il se produit d'abord à leur entrée un épanouissement favorable qui isole les grains les uns des autres ; et, contrairement à ce qui se passe dans le labyrinthe, comme la section dans laquelle le courant a lieu n'est jamais obstruée par les dépôts et par conséquent reste invariable, il en résulte encore que l'eau, gardant toujours une vitesse sensiblement la même à chacun des points du parcours, les grains peuvent opérer leur chute dans des conditions constamment les mêmes et gagner le fond de la caisse sans perturbation. Enfin, comme les fonds de caisses portent des orifices à faible section, donnant aux sables la facilité d'être évacués à mesure qu'ils se précipitent, on peut alors et sans main-d'œuvre les diriger directement sur les appareils d'enrichissement, dont l'alimentation est ainsi rendue continue. Malgré ces avantages, la caisse pointue laisse cependant encore à désirer. L'élargissement brusque de section qui existe à l'entrée de chaque caisse et la contraction de la sortie, donnent naissance à des remous nuisibles ; entre l'orifice d'entrée et celui de sortie le courant est assez actif sur une certaine largeur, tandis que vers les angles et le long des parois de la caisse il est relativement plus faible, et cette différence d'intensité de mouvement permet alors la précipitation de grains qui auraient dû passer dans une autre case, si le mouvement eût été uniforme. Enfin, en pratique, la quantité d'eau à dépenser étant toujours bien inférieure à celle que demanderait théoriquement un bon classement, il arrive encore que les grains, en se déposant, entraînent mécaniquement une assez notable quantité de boues dont il serait désirable qu'ils fussent privés.

C'est pour remédier à ces vices d'un appareil déjà préférable au labyrinthe, que l'on est entré dans une voie nouvelle en créant les appareils dits à courants inveres.

Caisse à double courant. — La caisse à double courant que nous avons décrite et représentée pl. 56, fig. 2, est plus avantageusement disposée. Les cases de classement, accolées et jointives, permettent l'emploi d'un canal à section régulièrement croissante, dans lequel la vitesse est uniformément variée; et s'il y a des perturbations dans les divers filets qui constituent le courant, se sont seulement des retards dus à l'influence des parois. On voit donc déjà qu'il y a plus d'uniformité dans les conditions de la précipitation. Quant à l'action du courant inverse, elle intervient pour faire obstacle à la chute des sables trop fins et des boues dont l'entraînement peut se produire mécaniquement.

Mais dans cet appareil, si le courant horizontal est animé d'une régularité satisfaisante, il n'en est pas de même pour le courant ascendant, où nous voyons se reproduire des effets nuisibles analogues à ceux que nous avons signalés dans les caisses pointues.

Ce courant vertical ascendant n'a point la même vitesse en tous les points d'une même section horizontale; plus rapide au milieu que sur les bords, son action agit irrégulièrement sur les grains, de sorte que telle molécule qui eût été chassée hors de la caisse en un point de la section, peut en un autre point franchir cette section et descendre plus bas. Heureusement cet effet défavorable est à peu près annulé par la forme pyramidale ou conique de la caisse qui, accélérant le mouvement vers le fond, force ainsi la majeure partie des particules trop fines à entrer dans le courant central, qui les lance hors de la case.

Cône. — Le cône, pl. 55, fig. 1, appareil plus parfait, doit probablement l'énergie et la régularité de son action à sa dépense d'eau relativement plus considérable et à la section annulaire et étroite dans laquelle se produit le courant ascendant, avec une intensité presque constante pour tous les points d'une même section horizontale. On remarquera aussi que le principe d'un premier classement par précipitation libre disparaît ici complétement et que, dans le cône, c'est à l'effet du courant ascendant seul que l'on a recours pour séparer les grains les uns des autres, puisque la classification ne commence que lorsque les matières ont été épanchées du cône intérieur dans l'espace annulaire où règne le courant; ce courant détruit, elles sortiraient toutes pêle-mêle par l'orifice inférieur d'évacuation.

Si l'on cherche à se rendre compte du mode d'action de ce courant ascendant, on y parvient facilement; car on peut toujours concevoir (et l'expérience directe confirme cette hypothèse) deux corps de densités et de volumes différents, pour lesquels les rapports entre ces quantités seront tels qu'ils descendront avec une égale vitesse dans un liquide en repos. Ceci posé, il est évident que le corps de densité moindre aura le plus grand volume; alors si le liquide vient à prendre un mouvement inverse à celui imprimé par la pesanteur, il opposera à la chute une résistance qui sera en raison des volumes ou des sections, par conséquent le corps de volume plus grand sera retardé bien plus que celui de volume plus faible, mais de plus grande densité, et, si l'intensité du courant est supposée augmenter encore, il y aura un moment où l'un sera entraîné par le courant, tandis que l'autre lui résistera encore et tombera. C'est, du reste, ce que nous avions dit déjà, mais en d'autres termes, en décrivant les appareils à courant inverse, et ce qui explique comment, en de certaines circonstances données, le cône devient aussi un enrichisseur.

APPAREILS D'ENRICHISSEMENT. — *Table dormante.* — La table dormante, dont l'emploi est au moins aussi vieux que celui des cribles, est la souche de tous les appareils dont on fait usage pour l'enrichissement des matières fines.

C'est un simple plan incliné sur lequel le travail peut être conduit de manière à donner naissance à deux méthodes bien distinctes, qu'il importe de caractériser pour bien juger de la marche des autres outils.

PREMIÈRE MÉTHODE DE TRAVAIL PAR ACCUMULATION. — Par le premier mode, on laisse couler sur le plan incliné les matières à enrichir et à séparer, après les avoir additionnées d'une suffisante quantité d'eau, en rablant continuellement tant pour remettre en suspension les stériles arrêtés trop tôt que pour faire remonter vers la tête les riches qui seraient descendus trop bas; ce rablage sert en même temps à faciliter le départ des boues qu'un classement incomplet n'a point emportées, ce qui est le cas le plus ordinaire dans [les usines qui font usage de la table dormante. Au bout d'un certain temps de marche, on arrive ainsi à accumuler sur la table une couche de plusieurs centimètres, et lorsqu'on la juge assez épaisse, on arrête l'arrivée de la matière pour procéder à l'enlèvement du dépôt. Pour ce faire, on divise la couche en bandes transversales représentant autant de classes qu'on le croit nécessaire; envoyant les parties les plus riches à la fonderie, si on juge leur teneur suffisante, gardant les autres pour les repasser à part, en opérant de même jusqu'à enrichissement convenable.

Cette méthode de travail n'est point exempte de défauts. D'abord, la quantité de matières traitées est faible à cause de l'intermittence des opérations.

La main-d'œuvre est coûteuse, puisque chaque table exige la présence continuelle d'un ouvrier.

Enfin, le rablage demande de la part de celui qui l'exécute une certaine intelligence et une dextérité que tous n'ont pas et qui ne s'acquiert, en tout cas, qu'après un temps de pratique plus ou moins long, et, quelque habile qu'il soit, l'ouvrier éprouve toujours une certaine difficulté, non-seulement pour forcer les matières à conserver la même pente à mesure que la couche déposée s'épaissit, mais encore pour maintenir la surface de ce dépôt bien plane ; car on sait combien le travail est profondément troublé, s'il se forme des bosses ou des creux. Dans ce mode de marche en couche épaisse, l'eau et la matière sont donc lancées à la fois pendant toute la durée de la période d'action. Une partie de la matière s'arrêtant sur la table, l'eau continue à s'écouler de plus en plus débarrassée des grains qu'elle abandonne en route et qui sont recouverts, peu à peu, par de nouveaux grains et lavés par l'eau trouble que verse le livreur. Ce lavage incomplet laisse beaucoup à désirer, mais il économise le liquide.

DEUXIÈME MÉTHODE DE TRAVAIL PAR DÉPÔT SUPERFICIEL. — La seconde méthode qui est plus généralement employée consiste à livrer les matières sur la table de la même manière que précédemment, mais à arrêter leur introduction dès que leur dépôt s'étend de la tête au pied de la table, et à ce moment à ne plus laisser couler que de l'eau claire.

Dans l'opération, l'ouvrier n'intervient avec le rable que pour s'opposer à la formation des bourrelets, régulariser le courant, remettre en mouvement des matières qui se déposeraient trop tôt, et aussi pour faciliter le débourbage.

L'interruption de l'opération a lieu lorsque l'on voit les parcelles riches arriver vers le pied et menacer de passer au delà ; alors on procède à la vidange, soit en faisant des divisions, comme nous l'avons dit ci-dessus, et en balayant les zones les unes après les autres, soit en faisant basculer la table, de telle façon que chaque classe tombe dans un bassin spécial, comme on a la coutume de le faire en Cornwall.

Les inconvénients signalés dans la première méthode subsistent dans celle-ci, mais d'une manière moindre, et ce mode de travail nous paraît aussi préférable en ce que la surface sur laquelle on opère restant plus plane et d'une inclinaison constante, il en résulte nécessairement que les dépôts successifs peuvent se produire dans des conditions identiques et que, voyant bien ce qui se passe sur l'outil, on est maître de le conduire en ayant égard aux variations qui peuvent se produire dans la livraison.

Enfin, la matière peut s'étaler plus librement sur la table pour être ensuite lavée aussi bien que possible par une eau limpide qui, n'apportant avec elle aucune matière étrangère, peut facilement enlever toutes les impuretés argileuses. Mais cette méthode, si elle est avantageuse à ce point de vue, est dispendieuse comme consommation d'eau.

Table dormante à toile. — Dans certains cas particuliers, la table dormante est recouverte de morceaux de toile mobiles destinés à retenir des parcelles riches et menues ; car, quel que soit le soin apporté au classement, il arrive souvent, quand il s'agit de traiter des minerais donnant facilement un clivage lamellaire, que les tables laissent partir avec les stériles des particules en lamelles flottantes à un très-grand degré de pureté qui est précisément la cause principale de cet entraînement; et dans les cas ordinaires, il y a aussi des poussières riches qui par adhérence sont charroyées par des grains plus gros; en faisant passer les stériles rejetés sur une table recouverte, comme nous venons de l'indiquer, le courant emportera les grains les plus gros, tandis que les poussières riches ou les lamelles n'ayant plus à glisser sur un plan lisse, mais rencontrant la surface filamenteuse de la toile, s'abriteront dans les mailles ou s'enchevêtreront dans les filaments et y seront retenues. Ces toiles lavées de temps en temps dans des bacs permettent de récolter ces produits toujours purs et très-riches.

Le mode d'enrichissement à l'aide de la table dormante, quelle que soit la méthode que l'on adopte, est donc lent et dispendieux de main-d'œuvre, mais il est simple et l'outil est élémentaire; aussi pendant longtemps a-t-il suffi aux besoins des exploitations, alors que la vente des produits extraits se faisait à des prix largement rémunérateurs, et qu'elles avaient à leur service une main-d'œuvre abondante et peu coûteuse. Aujourd'hui les conditions ont bien changé, le prix des métaux s'avilit sans cesse à mesure que la main-d'œuvre va toujours croissant; aussi les inconvénients de la table dormante apparaissent-ils de plus en plus. Impuissante à produire suffisamment, on voit son emploi se restreindre de jour en jour, bientôt même son abandon sera presque complet en tant qu'outil normal d'enrichissement et dans les laveries on ne la verra plus apparaître qu'exceptionnellement.

Cependant nous devons faire deux réserves en sa faveur en disant que, au début d'une exploitation qui en est encore à la période des recherches, elle est l'appareil le plus économique à utiliser pour tirer parti des matières extraites, jusqu'à ce qu'il soit temps de songer à une installation définitive; puis, dans une laverie, une table dormante recouverte de toile sur laquelle on fait passer tous les rejets des autres outils, y est un indicateur précieux de la marche de ces outils; si elle se couvre de parcelles riches, c'est que les outils principaux marchent mal; dans le contraire, c'est que tout est en ordre et bien réglé. Toute laverie doit donc être munie d'une paire de tables dormantes sur lesquelles passeront les rejets avant d'aller se perdre; ces tables seront le baromètre ou mieux la boussole du chef laveur qui, par leur inspection, jugera de la marche plus ou moins satisfaisante de ses opérations.

THÉORIE GÉNÉRALE DE LA TABLE DORMANTE. — Pour bien comprendre le mode d'action de tous les autres appareils, pour pouvoir les discuter et être à même de les comparer entre eux, puisque nous avons dit que tous ils dérivent de la table dormante, il est nécessaire de nous arrêter sur la théorie générale de cet appareil mère, de l'examiner sous toutes ses formes et d'étudier l'influence que peuvent avoir sur son jeu les variations diverses que l'on peut faire subir à tous les éléments du travail, comme la forme, l'inclinaison, l'alimentation, etc., etc.

Table à section constante. — Sur une table dormante ordinaire à section constante et à pente invariable, alimentée régulièrement par une même quantité de matière délayée dans une même quantité d'eau, on remarque d'abord que le volume d'eau ne doit pas dépasser un certain maximum, passé lequel, toutes les matières livrées sur la table seront entraînées au dehors. A partir de ce maximum, si l'on diminue progressivement l'introduction de l'eau, on passera par une suite d'états intermédiaires pour lesquels la puissance d'entraînement sera de moins en moins active; de sorte qu'il arrivera un moment, très-voisin de la limite de départ, où les grains les plus lourds et les plus purs seront seuls retenus sur la table; tandis que les riches plus fins, les mixtes et les stériles seront encore emportés. A mesure que la quantité de liquide diminuera, la quantité des matières arrêtées croîtra, mais aux dépens de la pureté du dépôt, et il arrivera ainsi un moment où, pour retenir toutes les molécules métallifères pures ou mixtes, il faudra s'astreindre à retenir aussi des molécules entièrement stériles, ce qui obligera à une reprise nouvelle pour les éliminer sur une table convenablement réglée à cet effet.

. On voit donc que, pour accomplir ce travail dans la condition la plus avantageuse, il y a toute une étude à faire sur les éléments assez complexes qui influencent l'opération, savoir : la nature du minerai, chaque classe spéciale de ce même minerai, enfin son degré plus ou moins grand de richesse. Vouloir, par exemple, avec une matière très-pauvre, dégager du premier coup une certaine portion de riche bon à.fondre serait certainement chose possible; mais ce résultat ne peut être obtenu qu'en introduisant une quantité de liquide telle, que l'on fera alors des pertes très-sensibles; on évite généralement cet écueil en prenant un parti tout opposé, c'est-à-dire en travaillant dans le but exclusif d'éliminer seulement les stériles; on reprend par une deuxième opération les matières, ainsi dégrossies, pour les enrichir au point voulu, sur une table opérant dans des conditions nouvelles appropriées à leur état nouveau.

Déterminer *à priori* les conditions de marche d'une table destinée au traitement d'une matière donnée pour obtenir le résultat le plus favorable, est chose aujourd'hui complétement impossible, et l'expérience seule est capable de résoudre cette question; ce n'est donc que par une série d'essais pratiques, accomplis sur des pentes différentes pour lesquelles on fait varier la quantité du liquide introduit, que l'on arrive à conclure quelle est la pente et le volume d'eau le plus convenable à adopter, pour amener la matière brute livrée à l'enrichissement voulu, avec le moins possible de reprises. Quant au déchet, on devra s'attacher non pas à le réduire au minimum, mais à n'en produire qu'une quantité telle que, eu égard à ce déchet, l'opération donnera un minimum de prix de revient pour le minerai élaboré et recueilli ; ainsi une méthode donnant 95 de bon à fondre devra être préférée à une autre qui donnerait 100, si le coût de cette dernière dépasse les frais de la première en y comprenant, bien entendu, la valeur perdue des 5 de déchet, et *vice versa*.

Ce que l'on peut prévoir *à priori* et ce que tout le monde sait, c'est que la puissance d'entraînement croît avec la pente et avec le volume d'eau qui s'écoule ; d'où cette conclusion que la pente et l'eau doivent diminuer avec la finesse des matières ; et remarquons que cette donnée de simple bon sens démontre encore une fois de plus toute l'importance d'un bon classement.

Dans les observations qui vont suivre nous supposerons donc que, par un tâtonnement intelligent, on est arrivé à combiner convenablement les deux variables principales, pente et débit, relativement à une matière quelconque, et nous étudierons les phénomènes qui se développent sur la table.

Un minerai classé aussi bien que possible étant donné, chaque classe produite sera composée des stériles plus gros que les mixtes, lesquels à leur tour seront plus gros que les riches ; maintenant, si l'on examine à part chacune de ces subdivisions, on voit facilement que les grains de stériles diffèrent beaucoup de grosseur entre eux, et que les plus petits sont non-seulement du même volume que les gros grains du mixte, mais même de la grosseur des grains moyens de cette catégorie ; il en est de même des grains mixtes, comparés aux grains du riche. Dans ces conditions pratiques, que va-t-il se passer sur la table? En tête, les riches les plus lourds se déposeront facilement ; puis, grâce à l'encombrement, des petits grains riches s'arrêteront à leur tour en même temps que les gros mixtes et peu à peu le dépôt s'étendra ; mais plus on avancera vers le pied de la table, plus on remarquera des matières fines riches ou mixtes, lesquelles se trouveront dans un courant trop fort pour elles, et y seront dans des conditions d'autant plus défavorables que les dépôts supérieurs ayant retenu déjà une portion des matières, l'isolement des grains sera alors plus complet et par conséquent l'entraînement rendu plus facile ; de là une cause de perte qu'une diminution progressive de l'eau pourrait atténuer. Ce sont ces fines matières que l'on recueille sur les tables à toile dont nous avons parlé ci-dessus.

Table dormante à section croissante. — Éliminer une partie du liquide introduit sur la table n'est point praticable ; mais on pourrait produire le même résultat théoriquement, en employant une table trapézoïdale qui serait alimentée par sa petite base. Nous disons théoriquement, parce que dans cet appareil le minerai, en s'épanouissant sur toute la section, ne suivrait en descendant ni des lignes d'égale pente ni d'égale longueur. Mais en faisant abstraction de ces différences et en ne tenant compte que de l'épanouissement de la section, on voit que l'eau, en diminuant constamment de vitesse, favoriserait le dépôt des riches très-fins et des mixtes de toutes sortes, étant bien entendu qu'en même temps et comme conséquence forcée quelques grains stériles seront aussi retenus.

Cette modification de la table dormante, dont nous verrons plus loin la réalisation pratique, en traitant du round-buddle ou table dormante conique et des tables tournantes, est très-favorable à un plus grand rendement, et son emploi est d'autant plus utile que les sables sont moins bien classés. Par conséquent, il est palpable que moins le classement sera parfait, plus il faudra augmenter l'épanouissement ou la longueur de la table, mais alors plus elle retiendra aussi des stériles ; d'où encore cette conclusion qui revient sans cesse, qu'un bon classement a toujours son importance et que, si l'on peut trouver des moyens pour atténuer son imperfection, on n'a encore rien imaginé qui puisse le remplacer.

Table dormante à section décroissante. — Rendons-nous compte maintenant de ce qui aurait lieu sur la même table si, au lieu de l'alimenter par la petite base, elle recevait au contraire les matières par la grande base du trapèze ; évidemment sa section sera décroissante, de sorte qu'après le premier départ opéré en tête, toutes les matières n'ayant pu résister à l'entraînement, gagneront avec le liquide des sections de plus en plus reserrées, dans lesquelles le courant augmentera constamment de vitesse, et conséquemment toutes seront emportées hors de la table. Cette disposition exagère donc les inconvénients de la table dormante ordinaire ; cependant, comme elle permet d'étaler immédiatement les matières sur la surface la plus évasée, cela, on doit le dire, la rend favorable à un débourbage immédiat, et, avec des modifications qui diminuent considérablement les chances de pertes, on en peut tirer pratiquement un parti encore très-avantageux.

Avant d'abandonner cette discussion sur la théorie générale de la table dormante, remarquons que des effets analogues à ceux que nous venons de constater seraient probablement obtenus en substituant à la table à section croissante une table à section transversale constante dont la section longitudinale serait une courbe, telle que la pente irait sans cesse en diminuant à partir du chevet jusqu'au pied ; à la table à section décroissante correspondrait une table dont la surface longitudinale aurait une courbe inverse. Il serait peut-être très-intéressant d'expérimenter de tels appareils au point de vue d'une étude générale des outils de lavage.

DÉRIVÉS DE LA TABLE DORMANTE. — La table mère que nous venons d'étudier étant susceptible de se prêter à deux méthodes de travail, il en résulte naturellement que les modifications qu'elle a subies successivement ont créé deux classes distinctes de dérivés correspondant aux deux méthodes de travail.

Dérivés de la première méthode par accumulation. Jeu intermittent. — La table à secousses, le round-buddle convexe et le round-buddle concave, appartiennent à la méthode par laquelle on accumule sur la table une certaine épaisseur de minerai, de sorte que la surface de travail se trouve formée par la matière elle-même. Le jeu de tous ces appareils est intermittent.

La filiation qui lie ces outils avec la table dormante est incontestable ; la table à secousses n'est, en effet, qu'un simple plan incliné auquel on imprime un mouvement de va-et-vient ; quant aux round-buddles, ils ne sont que la réalisation pratique des tables évasées à section variable. La nécessité de donner une pente égale à chaque ligne de descente suivie par le minerai, ne pouvant s'obtenir sur un plan en même temps que la variation de section, a conduit forcément à la forme conique qui satisfait complétement à ces deux données.

Dérivés de la deuxième méthode par dépôt superficiel. Jeu continu. — Opérer mécaniquement le nettoyage de la table sans pour cela interrompre le travail, telle est l'idée qui a donné naissance aux dérivés de la deuxième méthode, qui sont :

La table à toile sans fin de Brunton ;

La table à toile sans fin et à secousses ;

La table tournante convexe ;

Et la table tournante concave.

Le problème à résoudre consistait à répéter d'une manière continue et sans l'intervention de l'ouvrier les trois périodes d'opérations qui ont lieu sur la table dormante, savoir :

Épanchement de la matière sur la surface de la table ;

Lavage à l'eau claire du dépôt ainsi formé pour obtenir la séparation ;

Enfin nettoyage de la table en isolant les classes produites.

Jusqu'à présent deux solutions seulement peuvent satisfaire au problème.

Par la première, la matière est livrée vers le milieu de la table et *sur toute sa largeur ;* le riche isolé est, par le mouvement continu de la table, inverse à celui du liquide, *remonté au delà du livreur*, pour être, après un lavage à l'eau claire, recueilli vers la tête, tandis que l'eau en suivant la pente emporte vers le bas les matières stériles ou non qu'il s'agit d'isoler : c'est le principe des tables à toile sans fin.

La deuxième solution répète les trois périodes du même travail, mais cela *successivement et conjointement sur des points différents de l'appareil :*

c'est le principe des tables tournantes. Supposons en effet une table dormante d'une largeur déterminée, sur laquelle l'épanchement de la matière à laver se fera sur un tiers de sa largeur, par exemple ; ceci accompli et pour soustraire ce premier tiers au livreur, supposons notre table animée d'un mouvement latéral de translation ; ce mouvement amènera alors sous le livreur un deuxième tiers de la table, tandis que le premier tiers déjà chargé se présentera sous un courant d'eau claire ; continuant le mouvement de translation, le troisième tiers viendra se faire charger à son tour, pendant que le second sera sous le courant d'eau ; à ce moment notre premier tiers enrichi suffisamment pourra arriver sous des tuyaux spéciaux convenablement disposés qui enlèveront les matières par qualités distinctes. Les trois périodes auront eu lieu en même temps, et pour rendre l'opération continue il ne nous faudra plus qu'une seule chose, c'est la possibilité de ramener notre premier tiers à son point de départ. Une table à toilé sans fin à mouvement latéral réaliserait cette condition ; mais pratiquement, la forme circulaire avec égalité de pente, c'est-à-dire la forme conique, est d'un arrangement plus simple. De là l'emploi des tables tournantes.

Influence de l'alimentation sur la conduite du travail. — La régularité de la livraison étant d'une influence capitale sur le jeu des appareils d'enrichissement, il est nécessaire de nous y arrêter ici d'une manière toute particulière, afin de bien nous rendre compte des difficultés qu'elle présente et des inconvénients que son inexécution introduit pendant la marche du travail.

Si une table pouvait être toujours alimentée dans le même temps par une quantité constante de matière, et si la matière en question était toujours de même grosseur et de même composition, il serait alors facile, en réglant convenablement l'alimentation et l'introduction de l'eau de lavage, d'obtenir sur toutes les tables un travail constant, donnant un maximum de rendement pour un minimum de perte ; et dans cette hypothèse il est certain que, pour chaque grosseur de matière et chaque nature de minerai, on arriverait, par une série d'expériences comparatives, à trouver une table dont l'emploi serait préférable à celui de toutes les autres. En pratique on est encore loin de là, car les quantités livrées sont constamment variables dans des limites que l'on cherche à restreindre autant que possible, sans arriver jamais à une alimentation uniformément réglée ; cette variabilité fait sentir son influence perturbatrice aussi bien sur les classeurs que sur les enrichisseurs, de sorte que la régularité de leur jeu en est profondément troublée. Ainsi chaque classe produite oscille constamment comme volume de grain autour d'une moyenne, alors qu'il serait si important d'avoir une grosseur unique, et, si l'on examine la variation de teneur en matière utile, on voit autour de la moyenne une variation plus grande encore.

En effet, dans les usines les plus soigneuses, là où l'on sépare les minerais de lavages en plusieurs classes, ce premier triage se faisant au jugé, il ne peut être que très-imparfait; de sorte que si l'on fait, par exemple, une catégorie à 25 p. 100 et une autre à 10 p. 100, certains morceaux qui sont jetés dans l'une pourraient tout aussi bien appartenir à l'autre, et voici pourquoi : .

Les matières extraites des chantiers d'abatage et amenées à l'usine comportent des fragments à toutes les teneurs, depuis 0 jusqu'à la teneur la plus pure. L'expression de catégorie à 25 p. 100 à 10 p. 100 signifie donc que la première contiendra toutes les teneurs de 15 à 35 p. 100, dont la moyenne sera 25 p. 100; tandis que la deuxième rassemblera tous les autres minerais dont on aura isolé les fragments entièrement stériles et, par conséquent, les riches de cette dernière catégorie pourraient tout aussi bien appartenir aux plus pauvres de l'autre; voilà donc une première difficulté, et pourtant nous avons considéré un minerai simple. Que nous supposions maintenant avoir affaire à un minerai complexe tenant, en agrégation plus ou moins intime, deux ou trois substances métallifères, comme la galène, la blende et une pyrite de fer ou de cuivre, avec deux ou trois gangues, la baryte et le quartz, par exemple, la difficulté sera bien plus grande encore.

Ceci expliqué, on comprend alors très-facilement que les matières une fois broyées et classées, non-seulement l'appareil enrichisseur aura à opérer à chaque moment sur des grosseurs différentes, mais encore sur des matières dont la richesse variera constamment entre le maximum et le minimum de teneur, et ce relativement à chaque gangue, toutes ces causes de perturbation agissant à la fois.

Influence de l'alimentation sur les tables à jeu intermittent. — Dans ces conditions éminemment désavantageuses qui sont celles de la pratique, rendons-nous compte de ce qui va arriver sur une table travaillant en couche épaisse.

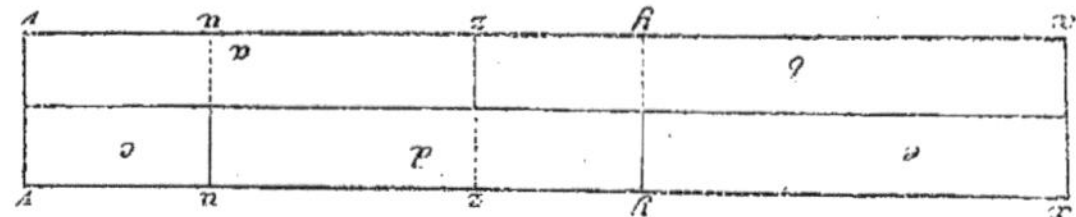

Si pendant la première moitié de l'opération on admet des matières au maximum de teneur pour la catégorie à passer, il se formera en tête de la table une zone *a* très-pure et assez longue, et le reste *b* sera composé de minerai mixte, et même si l'on veut avec du stérile en mélange, sans pourtant contenir du stérile isolé. Pendant la seconde période de l'opération, si l'alimentation n'amène que des matières au minimum de teneur, sur la couche *a*, il se fera un dépôt de matière pure *c*, beaucoup plus étroit que a; la zone des mixtes d sera également plus petite que b, et elle reposera en partie sur a; enfin toute la partie extrême e sera composée avec du stérile.

Dans cette hypothèse, l'opération terminée, on pourra, après examen, diviser à volonté le dépôt fait sur une table en autant de sections qu'on le voudra; un solide xy composé de mixtes et de stériles, un autre yz de mixtes seulement, un troisième zu tenant du riche et du mixte; enfin une couche uv donnera du minerai pur. Bref, plus la teneur aura été variable, moins cette dernière classe sera importante, mais néanmoins toujours elle existera.

Influence de l'alimentation sur les appareils à jeu continu. — Sur les appareils à jeu continu une semblable division, *à posteriori*, n'est plus possible; il faut ici la faire *à priori*, et pour parer d'une manière efficace aux variations de l'alimentation, il faudrait alors qu'on pût faire varier continuellement la quantité d'eau et la position des tuyaux laveurs, s'il s'agit d'une table tournante; car sans ces manœuvres, le riche pouvant être envahi par du mixte, il devient infondable avantageusement, ou bien le mixte pouvant être entraîné avec du stérile il y a des pertes.

Sur la table à toile sans fin qui ne peut faire que deux classes, cet inconvénient est au maximum, parce qu'elle ne peut faire que deux classes. Avec la table tournante, on peut y parer en multipliant les tuyaux laveurs et en fractionnant les produits; mais ce mode d'action n'a jamais la certitude du triage *à posteriori*, qui permet un nombre indéfini de divisions et économise le liquide.

Le meilleur emploi des appareils continus serait donc de régler leur marche de manière à enlever du stérile autant que possible, en produisant peu ou point de perte; de cette façon lorsque, à du minerai riche, succédera une introduction de minerai pauvre, la teneur des catégories riches et pauvres pourra s'abaisser, mais tout sera retenu sur la table. Une semblable opération se résumera par l'enlèvement d'une très-forte proportion du stérile, par une production très-minime et peut-être nulle de minerai pur; mais la masse récoltée sera presque totalement débarrassée du stérile, et ce sans perte et sans main-d'œuvre. En résumé, on aura produit un dégrossissage très-économique qui, en condensant la matière utile, en régularisant et en élevant la teneur, l'aura rendue plus apte à subir l'enrichissement complet.

APPAREILS DÉRIVÉS DE LA TABLE DORMANTE. — PREMIÈRE MÉTHODE, PAR ACCUMULATION. JEU INTERMITTENT. *Caisson allemand.*—Le caisson allemand est un appareil mixte, tenant de la table dormante par sa forme, mais s'en éloignant par son mode de travail. En employant le caisson allemand, le but qu'on se propose n'est pas précisément l'enrichissement, mais surtout le classement et l'ébouage des sables qui sortent du labyrinthe. Comme formé, c'est une table dormante étroite, à rebords élevés, à laquelle on donne souvent une forme décroissante de la tête au pied, de là le nom de *caisse en tombeau*, par lequel on le désigne aussi quelquefois.

Le but du caisson étant d'isoler les plus gros grains du mélange soumis à son action, en éliminant tous les autres, sa forme décroissante s'y prête volontiers et vient confirmer ce que nous avons dit de la table dormante trapézoïdale à section décroissante; tout en isolant les plus gros sables, il se produit en même temps un enrichissement dont on profite, bien qu'il ne soit pas le but de l'opération. Complément obligé du labyrinthe, le caisson allemand est abandonné là où sont employés les nouveaux classeurs.

En raison du travail que l'on a en vue, on emploie sur cet appareil un courant d'eau assez vif, aidé encore d'un rablage très-énergique, opéré à contre-courant; ce rablage agit à la fois sur le minerai et sur l'eau qui, refoulée, prend alors devant le rable une certaine hauteur au-dessus de son niveau normal d'écoulement, en mettant les grains en suspension, de sorte que la densité intervenant, les plus gros peuvent se déposer vers le fond en prenant l'avance sur les plus légers qui, de cette façon, restent en dessus du dépôt. Lorsque le rable cesse de faire obstacle à l'écoulement, l'eau se précipite avec intensité vers le pied du caisson, entraînant de préférence les grains de surface, c'est-à-dire, par conséquent, les plus légers. Ainsi le caisson allemand opère par entraînement à la manière des tables, mais son action rappelle aussi ce qui a lieu sur les cribles, puisqu'il utilise le jeu des densités; il est donc bien un appareil mixte, ainsi que nous l'avons dit, et nous aurons à constater du reste qu'il n'est pas seul à jouir de cette double faculté, dont la table à secousses va nous fournir un deuxième exemple.

Table à secousses. — Comme nous l'avons dit, la table à secousses n'est qu'une table dormante suspendue, qui peut être animée d'un mouvement de va-et-vient, et qui, dans son oscillation, reçoit un choc par l'entremise d'un buttoir. Tout cela ayant été expliqué déjà, nous n'avons pas à y revenir, puisque nous n'avons ici d'autre intention que de rechercher quelles sont les modifications que la suspension, le mouvement alternatif et le choc introduisent dans la marche du travail : ces modifications sont profondes.

Retenue par des tiges dont l'attache supérieure est fixe, la table en action décrit par conséquent un arc de cercle : de là deux mouvements différents à chaque demi-oscillation; poussée par la came, elle prend une avance horizontale en même temps qu'elle s'élève verticalement d'une manière suffisamment sensible. Au retour, les périodes sont inversées, c'est-à-dire qu'en revenant horizontalement vers sa position de départ, elle s'abaisse en même temps de la quantité dont elle s'est élevée. Mais au moment où la table poussée en avant cesse d'être actionnée par la came, le double mouvement qui s'est communiqué à la matière répandue sur la table tend, en vertu de l'inertie, à se prolonger surtout vers les couches supérieures, de sorte que la table, qui alors revient en arrière, se dérobe pour ainsi dire sous le minerai et le laisse un moment en suspension au milieu du liquide soulevé avec lui; alors les densités peuvent agir en favorisant le dépôt des matières lourdes et riches. Mais la table, continuant son mouvement de recul, arrive au buttoir et s'arrête court; les matières de surface, eau et minerai, qui à ce moment participent à leur tour au mouvement de recul, tendent encore à le continuer (toujours en vertu de l'inertie); alors l'eau poussée à contre-pente s'élève comme il arrive dans le caisson allemand, les grains sont roulés les uns sur les autres et se dégagent des boues qui les empâtent; enfin la came recommençant son action, la table revient en avant, et l'eau, prenant une vitesse assez active, entraîne avec elle très-facilement les stériles légers répandus superficiellement sur la couche des lourds riches.

L'effet de la secousse est dès lors facile à comprendre; il remplace les effets dus au rablage sur la table dormante en dégageant mécaniquement les boues, et, à un moment donné, il produit une séparation par densité identique à celle que nous avons constatée en parlant du caisson allemand.

La table à secousses, marchant par accumulation, permet donc le classement *à posteriori* des matières qu'on y a traitées; c'est donc un bon finisseur, et pour annuler autant que faire se peut les inconvénients qui résultent de son intermittence, il conviendra toujours de la faire précéder d'un outil dégrossisseur qui condensera le plus qu'il sera possible les quantités à y passer.

Round - buddle. — Une table circulaire conique fixe, sur laquelle le travail a lieu conformément à la première méthode par accumulation indiquée pour la table dormante ordinaire, tel est le round-buddle. Ici le rablage est opéré mécaniquement par des balais de diverses natures, et les phénomènes qui ont lieu sur la surface conique sont analogues à ceux que nous avons remarqués déjà sur la table dormante à section variable.

Les balais, par leur position parallèle à la surface de la table, forcent le minerai, à mesure qu'il se dépose, à conserver à peu près l'inclinaison initiale déterminée par le cône, et leur mouvement de rotation trace sur le dépôt des stries plus ou moins profondes, qui offrent un abri aux matières lourdes qui viennent s'y loger, tandis que les matières légères, déplacées et remises en suspension, sont reprises par le mouvement du liquide qui, peu à peu, les entraîne jusqu'au bas de l'appareil.

Les round-buddles sont de deux espèces, savoir : le *round-buddle convexe*, qui reçoit les matières vers le sommet pour les rejeter vers la base, et le *round-buddle concave*, qui, au contraire, les reçoit vers la base du cône pour les épancher vers le sommet.

Round - buddle convexe. — De la forme de ce round - buddle convexe, il résulte qu'à mesure que les matières avancent dans la descente, l'intensité du courant liquide diminue en raison de l'augmentation de la section; cet appareil, qui correspond à une table évasée, est donc éminemment propre à retenir plus de matières métalliques que la table dormante à section constante; mais, par contre, il retient aussi une assez notable quantité de stériles, c'est-à-dire tous ceux qui, par leur grosseur et leur poids, sont dans les mêmes conditions que les riches.

Sur la table trapézoïdale à section croissante, une pente étant admise, on peut donner à cette table un élargissement plus ou moins brusque, tandis qu'ici, avec la surface conique, l'inclinaison de la génératrice étant donnée, l'élargissement en est une conséquence forcée; de sorte que, pour certaines matières, il arrive quelquefois que cet élargissement est trop brusque, ce qui revient à dire que la quantité d'eau livrée devient trop faible par unité de surface vers le bas de l'appareil. Pour parer à cet inconvénient, M. Fétis, alors qu'il était ingénieur de la laverie de Brenierberg, a imaginé de remplacer les balais par des pommes d'arrosoir, dont la direction est variable à volonté, et qui portent un supplément d'eau là où il en est besoin, en même temps que les petits jets liquides tracent par leur choc, sur le dépôt sableux, des stries analogues à celles produites par le passage des balais.

D'après ce que nous avons dit précédemment, il résulte de la forme évasée et conique du round-buddle convexe qu'il se prête mieux que la table droite à section constante au traitement d'un minerai mal classé, et qu'il a tous les caractères d'un bon dégrossisseur. Les inconvénients qui lui incombent sont l'intermittence qui entraîne des pertes de temps et de main-d'œuvre, et l'impossibilité de juger des résultats obtenus tant que l'opération n'est point accomplie.

Round - buddle à cuvette mobile. — Dans certaines usines où l'on ne classe pas les matières, on limite la grandeur du round-buddle à la dimension pratiquement reconnue convenable pour recueillir tout le minerai enrichi, et, pour maintenir l'inclinaison initiale en même temps que pour isoler immédiatement les matières appauvries, la table est entourée d'une couronne en tôle que l'on peut élever à volonté à mesure que s'accroît l'épaisseur du dépôt. Les eaux chargées des stériles et des mixtes franchissent ce déversoir, entraînant avec elles ces matières dont le traitement s'achève ailleurs. Cette modification que nous devions signaler est une exception qui n'a son utilité que dans certains cas spéciaux.

Round-buddle concave. — Encore peu répandu, le round-buddle concave ou table conique fixe de Hündt paraît dans certains cas capable de donner de bons résultats. N'ayant point eu l'occasion de manier nous-mêmes cet appareil, il nous est donc impossible d'émettre un avis basé sur des faits reconnus et bien constatés; mais, d'après une note fort intéressante publiée dans la *Revue universelle*[1], il semblerait que le round-buddle concave présente de réels avantages dans certains cas qu'il serait utile de déterminer.

DEUXIÈME MÉTHODE, PAR DÉPOT SUPERFICIEL. JEU CONTINU. — *Table à toile sans fin de Brunton.* — La table à toile sans fin de Brunton, si bien connue depuis longtemps, ouvre cette deuxième série d'appareils dont la marche est continue et dont le travail s'opère par dépôt superficiel, sans accumulation; véritable table dormante, dont la longueur se trouve artificiellement allongée par suite du mouvement de rotation, elle n'est applicable qu'au traitement d'une matière simple et binaire. Néanmoins on peut soumettre à son action un mélange complexe, mais alors à la condition qu'il n'en sera isolé qu'une seule espèce de minerai, toutes les autres matières rejetées par le pied constituant un mélange simplifié qu'il faudra repasser pour obtenir la séparation d'un nouveau corps; c'est donc une complication de reprises qui, dans ce cas, rendent son usage peu avantageux. Quoi qu'il en soit, la table à toile sans fin constitue un progrès immense, puisqu'elle est la première tentative couronnée de succès pour substituer la marche continue à la marche intermittente.

Table sans fin et à secousses. — Conséquence naturelle de la table ci-dessus, la table continue à secousses, en gardant les qualités et les défauts de celle-ci, participe en même temps aux avantages des tables à secousses ordinaires. Son action, plus complète, permet donc d'aborder avec chance de succès le traitement de matières argileuses dont l'enrichissement serait difficilement possible sur la table de Brunton.

Tables tournantes. — Comme tous les outils à marche continue du deuxième système, les tables tournantes jouissent de la faculté précieuse de permettre à chaque instant l'examen de la marche du travail et d'en varier le résultat à volonté; faculté importante pour le laveur qui, maître de son outil, n'est plus dans la nécessité d'attendre la fin d'une opération pour juger de l'état des produits obtenus; il voit avec la plus grande facilité tout ce qui se passe sur son appareil, et, à l'aide de robinets, il peut pendant la marche corriger, à mesure qu'ils se produisent, tous les défauts qu'il observe. Ces qualités communes à tous les outils con-

---

1. *Revue universelle*, 4ᵉ année, 5ᵉ livraison.

tinus sont augmentées pour les tables dormantes d'un avantage nouveau et important, car elles ont le pouvoir, en traitant un minerai complexe, de produire quatre classes distinctes, et la difficulté ne serait pas bien grande s'il fallait les disposer pour en produire une cinquième.

A cause de cette facilité de se prêter à des exigences diverses, l'emploi des tables tournantes s'est promptement vulgarisé, et ce que nous avons dit en discutant les difficultés d'une alimentation régulière démontre aussi que leur utilisation peut varier suivant deux modes de marche ayant des caractères bien définis qu'il est nécessaire de faire ressortir.

Réglées de façon à produire un minimum de déchet, mais poussées d'alimentation de manière à donner des produits encore impurs, dont l'enrichissement nécessitera un nouveau traitement, elles sont des dégrossisseurs capables d'une production assez considérable, et alors elles rappellent les round-buddles, dont elles ne sont en réalité qu'une modification.

Réglées au contraire pour travailler à une teneur au-dessus, mais voisine de la moyenne, elles deviennent d'excellents finisseurs, mais alors leur capacité de production baisse en raison de la pureté obtenue.

Du reste, ces outils sont loin d'avoir dit leur dernier mot, et nous avons l'espoir, par quelques modifications assez simples, de prouver très-prochainement qu'elles sont capables de produire un travail plus complet, en quantité et en qualité, que celui qu'on en obtient aujourd'hui.

Cette esquisse rapide nous démontre que les outils destinés au traitement des matières fines, si nombreux au premier abord et dont il semble si difficile de comprendre les fonctions distinctes, se réduisent, par le moindre examen, en un seul et unique appareil ayant subi peu à peu des transformations plus ou moins heureuses correspondant toutes à des nécessités inhérentes aux matières à élaborer. Chaque outil ayant, du fait de son jeu, une sensibilité plus développée pour telle ou telle propriété physique qu'il s'agit d'utiliser, nous pouvons dire déjà que, une matière ayant été traitée une ou deux fois sur un même outil, c'est commettre une faute que de vouloir achever son enrichissement sur ce même appareil en l'y repassant jusqu'à épuisement complet; une saine logique conseille et impose le changement pour rompre un état d'équilibre réfractaire à la séparation, et c'est en général ce que font les Anglais lorsqu'ils achèvent au dolly-tube les matières ébauchées sur le round-buddle.

Que, bien que possédant des propriétés spéciales, chaque outil néanmoins est capable, en des mains habiles, et c'est la cause principale de l'anarchie contre laquelle nous combattons ici, de jouer alternativement tous les rôles qu'on voudra et de satisfaire avec plus ou moins de facilité à tous les besoins d'un atelier; sortis d'une même souche, cette dangereuse souplesse d'action est une conséquence naturelle de l'origine commune; de là ces discussions sans fin et sans conclusion entre les praticiens, ces tentatives et ces erreurs trop souvent si onéreuses pour les exploitants de la part des débutants.

Pour éviter les écueils contre lesquels les exploitations françaises ont échoué si souvent, il importe donc de créer une doctrine et de poser des principes capables de modifier des errements regrettables ou de servir de guide à de jeunes débutants auxquels manque encore l'expérience de la pratique.

Sans doute l'ingénieur rompu au métier fera mieux, avec un mauvais outil, qu'un conscrit avec les appareils les mieux choisis et les mieux installés; mais là n'est pas la discussion, car avec ces mêmes outils le vétéran lui-même fera mieux encore, et en industrie, la question n'étant pas de prouver son habileté par des tours de force, mais de réaliser le maximum de bénéfices avec le minimum de dépenses, tout le véritable talent consiste donc à faire le travail le plus simplement et le plus économiquement qu'il sera possible, en adoptant une méthode rationnelle capable de rapidité et de sécurité.

Maintenant, pour conclure, nous dirons :

Que le procédé de classement ancien par les *labyrinthes* doit être radicalement abandonné pour être avantageusement remplacé par les appareils nouveaux, *cônes et caisses à double courant.*

Qu'avec le classement mieux fait le *caisson allemand*, dont l'emploi est coûteux et le travail difficile et imparfait, devient inutile.

Que la *table dormante*, par suite de sa faible production, de son intermittence, de sa main-d'œuvre coûteuse et de l'habileté qu'elle exige, doit être abandonnée comme outil normal et n'être conservée qu'à titre d'éprouvette; mais qu'accidentellement, cependant, elle a place encore dans les usines embryonnaires au commencement d'une exploitation où tout est encore incertain.

Que le *round-buddle*, qui est un enrichisseur en même temps qu'un classeur, est inférieur à la table à secousses, s'il s'agit d'enrichir, mais qu'il lui est supérieur du moment qu'on l'utilise comme dégrossisseur; nous ajouterons même que, selon nous, il est le meilleur des dégrossisseurs, si l'on doit opérer sur une matière très-pauvre pour éliminer rapidement et économiquement une grande proportion de stérile. Nous disons économiquement, car, dans ce cas, l'outillage est simple, et le round-buddle, après avoir rejeté une grande quantité de stérile, ne conservera qu'une faible portion de minerai, dont l'enlèvement sera peu dispendieux puisqu'il pourra alors s'exécuter rapidement sur une table à secousses ou sur un autre appareil enrichisseur dont on jugera à propos de faire choix; mais si cette matière dégrossie demande une deuxième passe à titre de nouveau dégrossissage avant d'être soumise à l'enrichissement définitif, alors nous n'hésitons pas à préférer au round-buddle une table continue pour cette deuxième reprise.

Né en Angleterre, où il est en grande faveur, sans doute à cause de son origine, le round-buddle y est toujours suivi d'un dolly-tube qui achève l'enrichissement; c'est une nécessité de son emploi. Anglais, il porte au plus haut point le caractère de son origine; comme le giging, et, en général, comme tous les appareils de provenance britannique, il est peu minutieux, mais capable d'une production rapide et considérable.

Que la *table à secousses*, pour être employée avantageusement, ne doit être considérée que comme un finisseur opérant sur des matières déjà dégrossies sur un autre appareil.

Que les *tables sans fin* sont des outils destinés par la nature même de leur jeu au traitement des minerais binaires, et qu'elles ne sont réellement aptes qu'à un dégrossissage; mais que la *table sans fin et à secousses* est préférable, en tous cas, en ce que, possédant un plus grand nombre de qualités, elle est, par conséquent, capable de vaincre plus de difficultés s'il s'agit surtout d'un minerai argileux et collant.

Que les *tables tournantes* sont, de tous les outils à marche continue, celui qui se prête le mieux à toutes les exigences du travail à accomplir, puisqu'elles permettent, en faisant plusieurs classes, le traitement d'une matière complexe. Lorsqu'elles reçoivent un minerai brut, on ne doit les employer qu'à titre de dégrossisseurs, c'est-à-dire les régler pour le maximum de richesse de la matière à passer; car lorsqu'une zone au minimum de teneur viendra, on sera alors certain de retenir tout le riche, ce qui évitera des pertes, et le seul inconvénient qu'on éprouvera sera de mêler les stériles retenus dans les classes de riches ou de mixtes qui en seront appauvries.

La classe dite riche obtenue par ce premier traitement sera alors achevée sur une deuxième table tournante ou sur une table à secousses, ces deux manières de finir la concentration ayant chacune leurs avantages et leurs inconvénients, qu'il faudra balancer avant de fixer son choix.

La table tournante employée pour cette reprise peut être alors considérée comme un véritable finisseur, car la matière qu'elle est destinée à recevoir ayant été épurée, concentrée, se présente alors dans un état d'homogénéité qui permet de régler la table dans le but de ne recueillir que des riches, sans avoir à craindre cette fois les différences de teneur, si défavorables lorsqu'il s'agissait de la première passe. Cependant n'oublions pas que les grains riches, mixtes ou pauvres, qui se déposent aux mêmes points d'une table, ne s'y arrêtent que parce qu'ils sont dans un rapport de poids et de surface tel que les influences dues à l'entraînement ont été détruites pour les uns comme pour les autres; de là un certain équilibre entre eux qui oppose des difficultés de séparation, si on les repasse sur un outil semblable à celui d'où ils sortent. Aussi, sans proscrire l'emploi des tables combinées, croyons-nous qu'il y aura souvent avantage, malgré les manipulations qu'elle nécessite, à préférer la combinaison d'une table tournante avec une table à secousses, afin de mettre les grains recueillis ensemble sur la première table tournante dans d'autres conditions de travail qui, rompant l'équilibre, favoriseront certainement la séparation. En tout cas, si deux passages successifs sur tables tournantes ne suffisaient pas pour amener la matière à l'état de pureté désirée, nous protestons formellement contre la continuation de l'enrichissement au moyen du même outil, et le changement d'appareil est alors absolument indispensable.

Ce que nous venons de dire ici s'applique aux sables gros ou fins. Quant aux boues proprement dites, c'est-à-dire à ces matières impalpables qui font la désolation des laveurs, c'est avec raison, selon nous, que leur traitement s'achève sur les tables tournantes combinées; ces matières sont en général trop réfractaires à la table à secousses ou trop pauvres pour en supporter avantageusement les frais, et les déchets qu'il faut subir pour élever convenablement leur titre sont tellement considérables que l'enrichissement qu'on leur fait subir, en élevant leur teneur seulement à 18 ou 20 pour 100, n'est à proprement parler qu'un simple dégrossissage pour lequel les tables tournantes sont éminemment propres.

Ces observations faites à propos des tables tournantes concernent également, sauf les exceptions signalées, tous les outils à marche continue, qui doivent être toujours préférés aux outils intermittents, tant à cause de l'économie de main-d'œuvre qui résulte de leur emploi, aussi bien qu'à cause de la facilité qu'ils laissent de pouvoir juger à chaque instant de la marche du travail et de la possibilité de varier leur jeu en le modifiant au gré des besoins.

Et qu'enfin, pour rendre les matières aussi sensibles que faire se peut au jeu des machines, pour en obtenir un traitement rapide et une séparation aussi complète que possible, il est important, après les avoir classées, de les dégrossir avant de les soumettre à l'enrichissement définitif.

Puissent ces principes bien compris ramener nos exploitations dans une voie de succès, faire oublier les déboires du passé, et, en aidant à la renaissance de nos mines métalliques, élever cette importante industrie au rang qui doit lui appartenir le jour où les hommes et les capitaux ne lui feront plus défaut.

Tableau résumant sous une forme condensée le classement et le rôle des appareils de lavage.

CLASSIFICATION DES APPAREILS DE LAVAGE.

1° APPAREILS DE BROYAGE;

2° APPAREILS DE CLASSEMENT;

3° APPAREILS D'ENRICHISSEMENT $\left\{\begin{array}{l}\text{Dégrossisseurs;}\\\text{Finisseurs.}\end{array}\right.$

TRAITEMENT DES GRENAILLES.

BROYAGE.

Machines à casser. — Broyeurs à cylindres.

CLASSEMENT.

Trommels ordinaires, id. système Boudehen, id. système Huet et Geyler.

ENRICHISSEMENT.

Cribles. $\left\{\begin{array}{l}\textit{Cribles continus dégrossisseurs.}\\\textit{Gigings, appareils mixtes pour classer et enrichir.}\\\textit{Cribles finisseurs.}\end{array}\right.$

TRAITEMENT DES MATIÈRES FINES.

CLASSEMENT ET DÉBOURBAGE.

Cônes. — Caisses à double courant. — Caisses pointues.

ENRICHISSEMENT.

Table dormante. — *Outil type.* — *Deux méthodes de travail.*

DÉRIVÉS DE LA TABLE DORMANTE.

Ire MÉTHODE. PAR ACCUMULATION.	IIe MÉTHODE. PAR DÉPOT SUPERFICIEL.
Travail intermittent.	Travail continu.
Round-buddles. *Outils mixtes, classeurs et dégrossisseurs.*	Tables sans fin. *Dégrossisseurs pour minerais simples.*
Tables à secousses. *Outils finisseurs.*	Tables tournantes. *Dégrossisseurs pour minerais complexes.*

Dolly-tubes, *outils finisseurs.*

BROYAGE.

Bocards.

Tableau

indiquant approximativement la capacité de travail des appareils.

DÉSIGNATION DES APPAREILS.	PRODUCTION par jour environ.	PUISSANCE motrice absorbée environ.
	tonnes.	chevaux.
Machine à casser de 0.400 de largeur de mâchoires	80 à 120	8
Id. de 0.300	50 à 75	5
Id. de 0.200	20 à 30	2.50
Brayeurs à cylindres, 0.900 de largeur de table.	40 à 45	10
Id. 0.700 id.	30 à 35	8
Id. 0.500 id.	18 à 20	6
Id. 0.400 id.	12 à 14	4
Id. 0.250 id.	5 à 6	2
Cribles continus, suivant les grandeurs, de..	10 à 5	0.1 à 0.07
Cribles finisseurs, suivant les grandeurs, de..	3 à 1.5	0.07
Cônes	2 à 3	0
Caisses de classification	5 à 10	0
Rounds-Buddles, suivant les dimensions, la nature du minerai et le travail à accomplir, peuvent passer jusqu'à	15 à 20	0.02
Tables à secousses; si le minerai est bien dégrossi, jusqu'à	3 à 4	0.5 à 0.3
Tables tournantes, variables avec les dimensions, le minerai et le genre de travail....	2 à 8	0.10

Groupement des appareils. — Méthodes diverses de lavage. — Lorsqu'il s'agit de procéder au groupement des appareils pour constituer l'ensemble d'un établissement, l'ingénieur chargé de cette étude se trouve avec les outils dont il dispose en face de deux méthodes bien distinctes.

La première méthode consiste à opérer directement sur les minerais bruts *non classés*, en les livrant, en cet état, à des outils capables d'opérer à la fois le classement et l'enrichissement. Ce mode de travail constitue la *méthode anglaise*.

La deuxième méthode dite *allemande*, est caractérisée par le classement préalable des matières, avant de les soumettre à un enrichissement quelconque; cette méthode, depuis les transformations qu'elle est en voie de subir, tend à faire usage de moyens mécaniques dans toutes les circonstances où ceux-ci peuvent suppléer la main-d'œuvre en faisant usage des outils continus autant que cela est possible.

Avant de comparer entre elles ces deux méthodes, jetons un coup d'œil rétrospectif sur l'ancienne méthode allemande. Jadis, malgré de grandes précautions, le classement était mal obtenu par les ratters et les labyrinthes; des cribles de forme et de construction barbares, avec des tables dormantes, des tables à secousses et quelques autres appareils spéciaux qui tendent à disparaître servaient à l'enrichissement; aussi ce mode de préparation se heurtait-il à chaque instant contre des obstacles qu'il ne parvenait à surmonter, même au prix de grands déchets, qu'en fractionnant les produits et en adoptant un traitement spécial pour chacun; le triage à la main était alors poussé jusqu'à l'exagération, afin de soustraire le plus possible de matières à l'action de machines mal établies. Quant aux produits destinés au lavage mécanique, ils étaient eux-mêmes classés à la main pour former une série de subdivisions principales comme riche, moyen ou pauvre de lavage, pour lesquelles on formait encore des catégories particulières basées sur la nature des métaux et des gangues, de manière à ne livrer aux machines que des matières à éléments peu hétérogènes. Ce mode de traitement serait aujourd'hui ruineux!

Certes, au point de vue du jeu des machines, ces soins minutieux ne manquaient pas d'importance, et l'on conçoit qu'ils aient été adoptés dans des usines gouvernementales, dirigées par des agents administratifs plus soucieux des résultats théoriques que des résultats pratiques et industriels; or, à ce dernier point de vue, ce nombre infini de petits traitements spéciaux trop onéreux devait nécessairement disparaître en présence des obligations de l'industrie privée qui, en remuant des masses avec des salaires élevés, doit cependant y trouver bénéfice et profit à peine d'arrêt. C'est donc en vue de cette nécessité et en luttant sans cesse contre les difficultés sérieuses qui en résultent, que les ingénieurs sont parvenus à transformer peu à peu l'outillage de telle sorte qu'il permet, aujourd'hui, un enrichissement satisfaisant en supprimant la plus grande partie des classements à la main.

MÉTHODE ANGLAISE. — Les Anglais se sont fait un mode spécial de préparation, avec des outils imaginés par eux, et ayant avant tout pour but principal de pouvoir agir sur de grandes masses. Ce qui, avant tout, caractérise leur système, c'est un outillage simple et peu coûteux et la réunion sur le même appareil du classement et de l'enrichissement en employant trois outils principaux :

Le giging pour le classement et l'enrichissement des grenailles ;

Le round-buddle pour le classement et l'enrichissement des matières fines ;

Le dolly-tube pour compléter le dernier enrichissement.

Enfin, et comme dernier caractère, une main-d'œuvre relativement très-considérable, moindre cependant que celle de l'ancienne méthode allemande, mais supérieure à celle de la moderne.

Avant tout, la méthode anglaise se prête facilement au traitement des minerais simples qui dominent là où elle a pris naissance, mais elle y est appliquée indistinctement et à tort, selon nous, pour le lavage des minerais complexes. Comme rare exception, disons cependant que le criblage aux gigings est quelquefois précédé d'un classement embryonnaire opéré par un trommel faisant deux à trois classes, destiné principalement à séparer les matières trop grosses à rebroyer de celles qui sont bonnes pour le criblage.

Veut-on se représenter l'ensemble d'une laverie anglaise? Qu'on imagine alors, à la suite des broyeurs à cylindres, une série de gigings rangés en ligne, munis de grilles à mailles décroissantes et servis les uns par les autres, de manière que les matières qui ont passé au travers de la grille la plus grosse sont reprises sur un crible voisin, garni de mailles plus fines et ainsi de suite; voilà pour l'atelier des grenailles.

La matière extraite d'un crible, lorsque la cuve nécessite la vidange, est enlevée à la pelle et déposée sur le sol, près du crible voisin, pour être une seconde fois reprise et chargée; il en est ainsi de giging en giging. Quant à l'atelier des fins, un bocard pour le broyage des mixtes, une batterie de round-buddles avec dolly-tubes, tel est tout son matériel.

Un long canal qui règne sur toute la longueur des ateliers, et longe tous les outils, reçoit les produits des broyeurs à cylindres et du bocard ; toutes les grenailles plus ou moins bien débourbées s'arrêtent aux gigings, tandis que les round-buddles sont alimentés de matières fines par les compartiments du canal qui correspondent à chacun d'eux.

Ce type d'usine se présente donc sous un aspect de simplicité extrême, soit comme marche des matières, soit comme composition d'outillage, et il y a là une logique d'action dont il importe de se bien pénétrer. Reste à en reconnaître les défauts. Or, si les opérations y sont simples, elles n'y sont accomplies que par l'intervention d'un grand nombre d'ouvriers; les criblages répétés et successifs fatiguent les minerais et tendent à produire une grande quantité de poussières; le passage aux round-buddles sans classement préalable introduit dans l'opération de grandes chances de perte; enfin l'enrichissement au dolly-tube y est long et coûteux.

Ces ateliers portent donc le cachet spécial qui distingue l'industrie anglaise, dont le but, en général, est d'opérer en grand et qui, peu soucieuse de trop de soins, tient surtout à faire beaucoup avant de faire bien; la possibilité de pouvoir remuer de grandes masses, dans un temps donné, pouvant jusqu'à un certain point compenser les pertes dues au manque de soins : c'est là le caractère de son outillage simple et grossier. Le temps presse et l'Anglais n'en a pas à perdre en installation. Ce qu'il veut, c'est produire, et alors il produit quand même. Dans ces conditions, qu'importent les déchets, si le travail mal soigné y donne lieu; son compte est fait à l'avance, il passera des masses et la quantité compensera la qualité; le temps perdu à des soins minutieux sera pour lui employé d'une manière plus lucrative au traitement des matières neuves arrivant sans cesse des travaux d'abatage développés sur une large échelle.

Envisagée à ce point de vue, la méthode anglaise n'est pas susceptible d'applications fréquentes en France, et même sur le continent; aussi est-il très-rare de l'y rencontrer. Souvent, dans un assez grand nombre d'usines placées à la limite du pays belge et du pays allemand, on rencontre quelques traitements bâtards, où le giging et le round-buddle sont mis en fonctions dans des conditions qui la plupart du temps n'ont d'autre raison d'être qu'un caprice inconséquent d'imitation. Cependant on en peut voir une belle et intelligente application dans les exploitations de Commern, chez MM. Pyrath et Yong, et chez MM. Kreutzer frères, et encore devons-nous dire que ce n'est qu'une demi-méthode anglaise; car les round-buddles y sont suivis d'outils entièrement allemands. La marche adoptée dans ces établissements est logique, et elle vérifie ce que nous avons dit de l'emploi avantageux du round-buddle lorsqu'il s'agit d'opérer sur de grandes quantités d'un minerai pauvre.

Enfin, pour terminer cet examen, disons que la tenue des laveries anglaises n'a rien de satisfaisant; c'est un sans soin, un gâchis dont il faut se garder au plus haut point dans un établissement de ce genre; car on ne saurait croire combien sont sensibles les pertes dues à la mauvaise tenue d'un atelier de préparation mécanique.

En résumé :

Main-d'œuvre considérable;

Outillage grossier et imparfait;

Absence de classement, et par suite traitement assez incomplet, sujet à des pertes, s'il n'est habilement fait et surveillé activement;

Perte aussi par mal tenue;

Et enfin grandes difficultés pour l'enrichissement des minerais complexes;

Tels sont les inconvénients de la méthode anglaise.

Simplicité excessive de la marche ;

Unité de l'outillage ;

Économie de première installation ;

Possibilité d'opérer sur des masses et avec rapidité :

Voici des avantages qui méritent certainement d'être pris en très-sérieuse considération.

A un point de vue tout technique, cette méthode fait ressortir toute la puissance du criblage, puisque avec un giging éminemment imparfait, grossier de construction aussi bien que d'action, elle parvient à enrichir en même temps qu'à classer.

Elle démontre aussi combien il est nécessaire, ainsi que nous l'avons dit au début, de se tenir en garde contre l'exagération du classement. La méthode anglaise, précisément parce qu'elle pèche par le défaut contraire, fait mieux comprendre tout ce que nous avons exposé relativement au classement ; car il est certain qu'au moyen de trommels et de cribles plus perfectionnés que le giging, il serait facile d'arriver avec plus d'économie et de rapidité à un résultat meilleur, sans compliquer la marche de la méthode.

Dans le traitement des matières fines sur les round-buddles, la première passe fait une portion de riche à fondre, du pauvre que l'on perd et une assez large zone de mixte qui, classée par cette première opération, est rendue plus apte à une reprise sur un autre round-buddle qui alors laisse voir son impuissance, puisque toujours l'enrichissement définitif doit s'achever au dolly-tube. Pour le travail des produits fins, il est réellement bien étonnant que les Anglais n'aient pas, depuis longtemps, adopté les tables tournantes qui, avec une simplicité au moins égale à celle des round-buddles, accomplissaient le travail avec plus de perfection en même temps qu'avec suppression de main-d'œuvre ; c'est que sans doute, quoique filles du round-buddle, les tables tournantes ont le tort immense de n'être pas nées sur le sol de la vieille Angleterre. Cependant nous devons reconnaître que le progrès tend à se faire en Cornwal, puisque tout dernièrement nous y avons vu fonctionner un crible continu, et nous savons que quelques tables tournantes s'y sont aussi introduites.

Malgré tous ses défauts, mais à cause de sa grande simplicité, la méthode anglaise reste un type de marche intéressant, vers lequel tend la méthode continentale moderne, tout en conservant en même temps la supériorité incontestable de son outillage.

MÉTHODE CONTINENTALE MODERNE. — Sur le continent comme en Angleterre, on arrive aujourd'hui à traiter de grandes masses en mêlant ensemble toutes les qualités sans trop se préoccuper, comme par le passé, du fractionnement par nature de minerai ou de gangue. Un outillage perfectionné, un bon classement ont rendu possibles ces modifications réclamées par les besoins actuels de l'industrie.

Si l'on compare cette méthode à la méthode anglaise, on voit qu'elle fait usage d'un matériel plus varié, plus perfectionné, mais aussi plus coûteux. Elle classe avec soin dans des appareils spéciaux pour enrichir ensuite; enfin elle cherche par tous les moyens possibles à réduire les frais de manutention, laquelle est ici opérée mécaniquement.

Ainsi les broyeurs livrent directement leurs produits aux trommels, qui à leur tour alimentent les cribles continus, et tout cela sans intervention de l'homme; de sorte que les manutentions ne commencent réellement que pour le passage sur les cribles finisseurs, et seulement pour une très-faible partie de la matière totale livrée à l'atelier, et si bientôt on arrive, comme nous l'espérons, à transformer les cribles continus en véritables finisseurs, le traitement des grenailles, ainsi accompli mécaniquement depuis le commencement jusqu'à la fin, sera plus incontestablement encore supérieur au criblage anglais.

Quant aux matières fines, leur enrichissement se fait, comme en Angleterre, sur deux machines successives, mais avec cette différence qu'un classement soigné précède la séparation, et que le transport des matières des classeurs aux enrichisseurs a lieu mécaniquement et sans main-d'œuvre par alimentation continue. Ainsi, par exemple, le classeur livrera à une paire de tables tournantes combinées, ou bien à une table tournante desservant une table à secousses. Outre l'économie de manutention, cette méthode permet, à notre avis, à cause du classement et de la facilité de régler la marche des opérations, de diminuer notablement les déchets.

En résumé, nous préférons cette dernière méthode qui, en faisant mieux, est plus apte aussi au traitement des minerais complexes, et qui, par sa tendance à une marche exclusivement mécanique, arrive à se soustraire aux exigences de la main-d'œuvre, le travail y étant réduit à une simple surveillance qui rappelle et se rapproche du mode d'action des moulins à blé.

Soigneuse et même trop minutieuse, dans son type classique créé en vue de minerais complexes tenant des métaux précieux et les plus difficiles à retenir, elle est un exemple remarquable de soins et de délicatesse d'action. Ces qualités poussées à l'extrême sont devenues des défauts dont les ingénieurs, praticiens et industriels, ont dû se garder et qu'ils ont évités en la modifiant comme elle est aujourd'hui. Pour un débutant, elle est plus substantielle et plus saine, et il est certainement préférable d'être façonné à la vieille méthode allemande avant d'aller demander des renseignements à la méthode anglaise; et pour terminer, disons bien haut qu'en fait de laverie mieux vaut être minutieux que gaspilleur.

Un projet de laverie étant à faire, le premier soin sera donc de faire choix d'une méthode et de l'outillage; mais la connaissance parfaite du minerai à traiter n'est point suffisante pour arrêter les idées et fixer la détermination de l'ingénieur. L'étude approfondie de toutes les conditions économiques de l'entreprise, les prix de la main-d'œuvre, l'abondance de l'eau dont on peut disposer, la quantité de minerai brut à traiter sont autant d'éléments importants qu'il importe de bien peser; et ce n'est pas tout encore, car il ne faut pas perdre de vue aussi l'avenir probable de l'exploitation et l'importance des capitaux dont elle peut disposer. Parmi ces considérations, les unes toutes techniques déterminent la méthode et l'outillage, tandis que les autres, du ressort de l'économie administrative, aident à juger de l'importance qu'il convient de donner à l'établissement projeté.

Nous savons tous que, dans une entreprise quelle qu'elle soit, il est une production obligatoire qu'il est nécessaire d'atteindre pour couvrir les frais généraux, et que c'est seulement en produisant au delà de cette limite que l'on commence à réaliser des bénéfices. Or cette production supplémentaire est en toutes circonstances limitée d'une manière relative par le capital et d'une manière absolue par la faculté productrice du gisement attaqué; c'est cette possibilité d'extraction plus ou moins grande que la nature a fixée qui constitue la valeur d'un gîte, et cela sans qu'il soit besoin de trop s'attacher à la valeur intrinsèque du minerai, comme on paraît le croire trop généralement. Ainsi un minerai de plomb pauvre en argent peut être très-fructueusement exploitable s'il est possible de développer suffisamment son extraction, tandis qu'une galène riche, très-riche en argent, pourra n'être pas susceptible d'une exploitation fructueuse, si la quantité qu'on en peut extraire est trop limitée. En exploitation, la quantité l'emporte presque toujours sur la qualité. En effet, qu'un minerai soit riche ou pauvre, les frais d'extraction seront toujours les mêmes, et la question industrielle se résume à tirer en métal, quel que soit son titre, une quantité suffisante pour couvrir les frais et laisser un bénéfice.

Voilà pourquoi des gisements comme ceux de Commern, dans l'Eiffel (Prusse rhénane), où l'on peut extraire par jour 250 à 300 tonnes d'un sable tenant 2 1/2 à 3 p. 100 de Pb, et de Carnoulès (Gard), où l'extraction permet une quantité de 100 tonnes, et même plus si on le voulait, d'un minerai de Pb à la teneur 7 à 8 p. 100, peuvent être d'une exploitation largement rémunératrice.

Tenant compte de toutes ces conditions diverses, il arrivera donc que les circonstances seront d'une influence considérable sur le parti à prendre.

Si la laverie à établir a pour but, par exemple, de traiter un minerai provenant de recherches dont les résultats ne sont point encore assez concluants pour autoriser l'édification d'un établissement d'une durée assurée, s'il s'agit seulement de tirer parti de quelques produits extraits pour diminuer ou couvrir les frais en attendant une période d'installation fixe et durable, on devra alors se contenter d'un matériel simple, et nous dirons même grossier, dont la mise en jeu pourra être faite à la main; dans ce cas, le cassage et le broyage seront exécutés à bras, le giging sera rationnellement d'un bon secours, un caisson allemand préparera et enrichira les sables, et une table dormante aura plus ou moins raison des autres matières fines.

Cette installation embryonnaire de durée éphémère donnera quelques produits marchands, mais elle laissera, en raison de sa barbare imperfection, une quantité très-considérable de matières qu'il faudra mettre en approvisionnement pour les enrichir plus tard.

Si les travaux, en se développant d'une manière satisfaisante, semblent assurer une certaine stabilité d'avenir, le matériel devra alors se perfectionner à mesure que les espérances s'affermiront. La laverie s'enrichira alors d'outils plus perfectionnés dont la place sera marquée à l'avance dans une usine complète, tels que : un petit broyeur à cylindre, un trommel, des cribles continus et finisseurs, le tout marchant à bras. Le caisson allemand pourra également céder sa place à une caisse de classification; enfin, à un moment donné, un petit moteur devenant nécessaire, les tables dormantes disparaîtront à leur tour pour faire place à des tables tournantes et à des tables à secousses.

DESCRIPTION D'UNE USINE COMPLÈTE. — Maintenant, si une usine complète et durable est devenue indispensable, un type satisfaisant à toutes les conditions que nous avons énoncées dans le courant de ce mémoire est représenté en plan par la fig. 11, pl. 58, et en coupes par les fig. 12 et 13, pl. 57.

Cette usine a été étudiée en vue d'un minerai assez commun de plomb simple avec ses gangues les plus habituelles quartz, baryte ou chaux fluatée et pour traiter par jour environ 50 tonnes de matières brutes.

En sortant de la mine, les matières sont apportées sur une grille de débourbage dont les barreaux sont séparés de 50 $^m/_m$; celles qui refusent le passage sont jetées sur une aire où elles subissent un triage à main, qui, en isolant déjà de gros stérile et du minerai massif, laisse aussi des produits aptes à être livrés à la machine à casser.

Les fragments, assez divisés pour avoir traversé la grille, tombent d'eux-mêmes dans un trommel débourbeur qui laisse échapper tout ce qui est inférieur à 25 $^m/_m$ pour le classement avant le criblage, tandis que tous les morceaux au-dessus de cette grosseur, retenus dans le trommel, tombent dans un distributeur qui les répartit sur la longueur d'une table de triage; de ce triage on tire encore des stériles, du bon à fondre et des matières de broyage qui sont dirigées sur un broyeur à cylindres.

Le distributeur dont nous venons de parler est un simple trommel en tôle pleine, muni d'orifices convenablement ménagés pour permettre une égale répartition de matières sur la table de triage.

La machine à casser est disposée de telle manière que les produits qui en sortent sont divisés en deux parties égales, chacune pouvant se rendre dans un trommel séparateur, et, au besoin, dans un seul. Cette disposition a été prise, à cause de la quantité des matières qui serait trop considérable pour être donnée à un seul trommel.

Les trommels séparateurs portent des tôles de 18 — 3 1/2 et 3/4; ainsi ils peuvent deschlammer en même temps qu'ils séparent les grenailles n deux catégories, les grosses et les fines. De ce classement, il résulte uatre classes distinctes :

1re classe $> 18^m/_m$ se rendant à volonté, soit au broyeur à cylindres, soit à une table de triage au moyen d'un distributeur analogue à celui qui fait suite au trommel débourbeur.

2e classe de 18 à 3 $1/2^m/_m$. Cette catégorie de grosses grenailles est enlevée par une chaîne à godets de notre système et livrée directement à son trommel classificateur.

3e classe de fines grenailles de 3 1/2 à 3/4 de $^m/_m$, enlevée et livrée de la même façon à son classificateur.

Enfin la 4e classe $< 3/4$ de $^m/_m$ est emportée par les eaux et se rend dans les caisses de classification que nous verrons plus loin dans l'atelier des fins.

Le groupement des appareils de broyage (machine à casser et cylindres broyeurs) et des appareils de classement présente une particularité sur laquelle il est nécessaire d'insister. Les produits broyés tombent dans des trommels distributeurs en tôle pleine et sans orifices d'évacuation, qui, par l'intermédiaire de chaînes à godets, alimentent les trommels séparateurs, ces séparateurs, à leur tour, opérant comme nous venons de l'expliquer ci-dessus. Enfin les trommels classeurs envoient les classes produites aux cribles continus rangés à proximité. On voit donc que, par cet arrangement, dès que les matières sont sorties du débourbage et ont été livrées à ce groupe d'outils, toutes les manœuvres s'accomplissent mécaniquement, sans faire intervenir le travail manuel.

L'ensemble ne permettant pas de bien saisir le détail de ce groupement, nous en donnons une vue à plus grande échelle (pl. 56, fig. 14 et 15).

Voici donc nos minerais bruts débourbés, broyés, classés et dégrossis; il ne reste plus qu'à achever l'enrichissement sur les cribles finisseurs; mais ici une nouvelle observation devient encore nécessaire. En effet, les cribles continus étant impuissants pour dégrossir avantageusement, jusqu'à nouvel ordre, les grosses grenailles de 18 à $10^m/_m$ ou les très-fines grenailles retenues sur la tôle de 3/4 de $^m/_m$, les premières sont traitées directement sur des cribles finisseurs à coulisse, et les secondes sur des finisseurs à ressort.

Les matières mixtes provenant de tous les criblages sont alors reprises pour un traitement spécial sur un groupe d'outils à ce destiné, ce groupe se composant d'un broyeur à cylindres dont les produits sont, par une chaîne à godets, élevés dans un trommel classeur et criblés sur des finisseurs.

A partir de ce moment, le traitement des grenailles est achevé, et il ne nous reste plus qu'à pénétrer dans l'atelier des fins pour examiner comment on a procédé à son installation.

Toutes les eaux boueuses, c'est-à-dire chargées de toutes les matières inférieures à 3/4 de $^m/_m$, sont emportées par un conduit qui les amène aux caisses de classifications. Ces caisses font quatre classes de sables et laissent échapper les boues proprement dites.

1re classe des sables. Cette première classe passe dans un cône qui isole de suite du riche; les rejets du cône vont à une table tournante concave.

2e, 3e et 4e classes des sables. Elles se rendent chacune directement aux tables concaves.

Par chaque classe de sables, il y a deux tables tournantes alimentées directement par des conduits partant des caisses de classification. Ces tables tournantes, en dégrossissant rapidement les sables, donnent beaucoup de stérile à rejeter, isolent du riche qui se rend aux bassins de dépôt, et enfin une forte proportion de sable dégrossi pour les tables à secousses.

Pour diminuer les dépenses de matériel et en même temps pour rendre le travail continu, les tables concaves et les tables à secousses ont été divisées en deux groupes; chaque groupe composé de quatre tables concaves et trois tables à secousses. Deux tables tournantes traitent toujours la même classe de sable, et cette classe ébauchée peut passer à volonté sur l'une des trois tables à secousses, dont deux sont toujours en fonction, tandis que la troisième est en vidange. Ce transport a lieu par des canaux placés entre les deux systèmes de tables.

De même que nous avons été amenés à doubler le nombre de nos jeux de trommels, à cause de la quantité des matières à passer, de même, ici, nous avons dû doubler aussi certains appareils, en employant, pour le classement des sables, deux caisses de classification et deux tables concaves pour le dégrossissage de chaque classe produite. Dans une laverie de moindre importance, le matériel pourrait donc être moindre et l'arrangement d'ensemble se ressentirait naturellement de cette simplification; mais c'est à dessein que nous avons choisi un exemple plus complet, afin de démontrer qu'avec la répétition des appareils, il est possible de combiner facilement leur groupement, de manière à satisfaire à toutes les conditions voulues; des conduits spéciaux passent au pied des tables à secousses pour emporter leurs rejets.

Deux tables dormantes à toile servent à juger de la régularité de la marche du travail.

Enfin, les produits mixtes des tables à secousses sont par une voie de fer emportés sous un bocard qui les triture à nouveau ; les produits du bocard s'écoulent dans un réservoir *ad hoc*, d'où un élévateur à godets les prend pour les livrer au grand classificateur des boues, lequel reçoit également les refus des caisses de classification pour sables.

La classification des boues fait aussi quatre classes :

La 1re, composée de sables fins, est traitée sur deux tables concaves suivies de deux tables à secousses.

Les 2e, 3e et 4e classes de boues viennent s'enrichir chacune sur deux tables tournantes convexes combinées.

Naturellement, tous les appareils de ce dernier groupe sont, comme les autres, alimentés directement par leur classificateur.

Enfin, entre les appareils destinés au traitement des sables et ceux sur lesquels se concentrent les boues, il a été réservé un espace contenant, au milieu, une ligne de bassins de dépôts destinés à recueillir tous les produits enrichis qui s'écoulent des tables tournantes, et, de chaque côté, sont des voies de fer qui traversent la laverie dans toute sa longueur, afin de faciliter l'arrivée des matières brutes, leur mouvement dans l'atelier et l'enlèvement des produits enrichis.

Tel est, esquissé rapidement, l'ensemble d'une laverie. Pour compléter l'établissement, il ne resterait plus qu'à indiquer le moteur, les prises et les distributions d'eau, les réservoirs, les magasins, etc., etc., tous les accessoires, en un mot, qui appartiennent à l'usine, mais qui, étant hors de la question que nous avons eue en vue pendant toute la durée de cette étude, ne doivent pas nous arrêter plus longtemps.

La disposition d'ensemble que nous venons de décrire à grands traits a été étudiée pour une usine dont le terrain est sur un même niveau ; elle résume, par conséquent, à peu près, toutes les difficultés qui peuvent se présenter. On comprendra facilement que le projet se simplifierait si le terrain était disposé en pente, de manière à permettre l'utilisation de cette pente naturelle pour faciliter le transport des matières en supprimant des élévateurs.

Maintenant, pour terminer cette note, déjà plus longue que nous ne le pensions, disons que, convenablement choisis et disposés, les appareils que nous avons décrits s'appliquent avantageusement au lavage de tous les minerais ; quant aux prix de revient du traitement, ils varient nécessairement avec les conditions et le milieu dans lequel on opère. Néanmoins, et comme moyenne, on peut citer les chiffres suivants, qui comprennent les frais de main-d'œuvre, les frais généraux et l'amortissement :

Prix du traitement par tonne.

Fer.	»	20
Manganèse.	9	65
Galène en grenailles.	7	20
Galène fine.	9	65
Galène et blende en grenailles.	12	10
Galène et blende en grains fins.	14	55
Cuivre pyriteux ou gris avec pyrite de fer.	12	05
Cuivre pyriteux ou gris avec galène.	17	»
Cuivre, galène et blende.	25	»

EXTRAIT DE LA BIBLIOGRAPHIE DE L'INGÉNIEUR

publiée par LACROIX (Joseph-Eugène).

ANSIAUX (LUCIEN) et MASION (LAMBERT). **Traité pratique de la fabrication du fer et de l'acier puddlé**, comprenant les applications de ces matières à la confection des différents échantillons livrables au commerce. 1 vol. in-8 de 282 p. et un atlas in-4 de 28 pl.　　　10 fr.

CAMUS (M.), ingénieur, manufacturier. **L'Art de tremper les fers et les aciers**, indiquant leurs principes constitutifs, ceux à observer pour les souder, les soins qu'on doit leur donner durant leur transformation en instruments divers, ainsi que ceux du redressage des objets après la trempe et de l'essayage des qualités ; ouvrage contenant des comptes de revient relatifs à la trempe des limes, etc., à l'usage des manufacturiers, ouvriers et apprentis. 1 vol. in-8, 389 p.　　　6 fr.

CASTELAIN, ingénieur belge, ancien élève de l'École de Liége. **Bassin houiller** de la province de Burgos, suivi de données statistiques sur la production et le commerce des minéraux et des métaux de l'Espagne. In-8, 40 p., tabl. et pl.　　　2 fr.

— **L'Espagne, ses terrains houillers, ses minerais et ses chemins de fer.** In-8, 20 p. et 5 tabl.　　　2 fr.

CERFBERR DE MEDELSHEIM (A.). **De l'état actuel de la métallurgie en Europe.** Houille, bois, industrie métallurgique, fonte, fer, plomb, zinc, machines, armes, etc. 1 vol. in-8, 447 p.　　　6 fr.

CLEGG (SAMUEL). **Traité pratique de la fabrication et de la distribution du gaz d'éclairage et de chauffage.** Traduit de l'anglais et annoté par ED. SERVIER, ingénieur civil, sous-chef du service des usines de la compagnie parisienne d'éclairage et de chauffage par le gaz. 1 vol. in-4, 303 p. avec nombreux bois dans le texte et atlas de 28 pl.　　　40 fr.

Ce Traité ne comprend pas seulement l'ouvrage de Clegg. On y a ajouté les nombreux perfectionnements apportés, après la mort de l'auteur, dans l'industrie du gaz. L'application des cornues en terre, l'emploi des extracteurs, les nouveaux procédés d'épuration, les perfectionnements apportés aux gazomètres, aux compteurs, aux brûleurs et aux procédés photométriques, ont donné lieu à de nombreuses additions.

DALLOZ (ÉDOUARD). **De la propriété des mines** et de son organisation légale en France et en Belgique, guide théorique et pratique du légiste, de l'ingénieur et de l'exploitant, suivi de recherches sur la richesse minérale et la législation minière des principales nations. 2 vol. in-8, d'ensemble 1370 p.　　　20 fr.

FAIRBAIRN. **Guide pratique de la métallurgie du fer**, son histoire, ses propriétés et ses différents procédés de fabrication, par M. William Fairbairn, membre de la Société royale de Londres ; traduit de l'anglais par M. Gustave Maurice, ingénieur civil des mines, secrétaire de la rédaction du Bulletin de la Société d'encouragement. 1 vol., 331 p. et 68 fig.　　　5 fr.

Bibliothèque des professions industrielles et agricoles, série D, n° 4.

FLACHAT, BARRAULT (A.) et PETIET (J.), ingénieurs. **Traité de la fabrication de la fonte et du fer**, envisagée sous les trois rapports chimique, méca-

nique et commercial. 1re partie, Fabrication de la fonte ; 2e partie, Fabrication du
fer ; 3e partie, Examen statistique et commercial. 3 vol. in-4, ensemble 1439 p.,
avec atlas gr. in-folio de 92 pl. dont 6 doubles.   200 fr.

GUETTIER (A.), ingénieur, directeur d'usines métallurgiques. **De la fonderie**
telle qu'elle existe aujourd'hui en France, et de ses **applications à l'industrie.** Nouveau tirage de la 2e édition, augmenté d'un appendice où sont traitées
les questions suivantes : Résistance de la Fonte, — Propriété du retrait, —
Minerais, — Combustibles, — Emploi des gaz, — Machines soufflantes, régula-
teurs et monte-charges, — Hauts fourneaux et appareils à air chaud, — Ventila-
teurs et Cubilots, — Alliages, — Moulages, — Matériel et organisation des fon-
deries, etc., etc. 1 vol. in-4, 393 p. et 13 pl. in-folio.   15 fr.

— **De l'emploi pratique et raisonné de la fonte de fer dans
les constructions.** Recueil d'expériences, d'études et d'observations pratiques, adressé aux ingénieurs, aux architectes, aux conducteurs et à toutes les
personnes appelées à se servir de la fonte. 1 vol. de 550 p. in-8, et 1 atlas de
24 pl. in-4.   30 fr.

— **Guide pratique des alliages métalliques.** 1 fort vol. in-18 jésus,
343 p.   3 fr.

Bibliothèque des professions industrielles et agricoles, série D, n° 12.

HENVAUX (D.), directeur d'usines, ancien directeur de la fabrique de Couillet.
Mémoire sur la **construction des laminoirs.** Nouveau système des plus
parfaits sous le rapport de la solidité et sous celui du parfait fonctionnement de
toutes les parties. Changements à opérer dans les anciens systèmes pour éviter
une partie de leurs inconvénients. Ouvrage indispensable aux constructeurs
d'usines, aux maîtres de forges, aux directeurs et aux employés d'usines, ainsi
qu'aux ingénieurs-mécaniciens et aux élèves des écoles industrielles, des mines
et des arts et manufactures, etc. 2e édition, 1 vol. in-8, 72 p. et 7 pl.   10 fr.

LESOINNE (AD.). **Cours de métallurgie générale** professé à l'École des
arts et manufactures et des mines, annexée à l'Université de Liége. Rédigé sur
les notes du professeur et augmenté de renseignements nouveaux, par Aug.
Gillon. Tome 1er, 1re partie. Préparation mécanique des minerais. 1 vol. in-8,
220 p. et atlas in-8 de 16 pl.   12 fr.

Cette première partie a seule été publiée.

SERRES (MARCEL DE), professeur à la Faculté des sciences de Montpellier, conseiller
honoraire à la Cour impériale de la même ville, officier de la Légion d'honneur.
Traité des roches simples et composées ou de la classification
géognostique des roches d'après leurs caractères minéralogiques et l'époque de
leur apparition. 1 vol. 288 p.   3 fr.

Bibliothèque des professions industrielles et agricoles, série D, n° 17.

TISSIER (CHARLES et ALEXANDRE), chimistes-manufacturiers. **Guide pratique
de la recherche, de l'extraction et de la fabrication de
l'Aluminium et des métaux alcalins.** Recherches techniques
sur leurs propriétés, leurs procédés d'extraction et leurs usages. 1 vol. 226 p.
1 pl. et fig. dans le texte.   3 fr.

Bibliothèque des professions industrielles et agricoles, série D, n° 11.

WILLIAMS. Considérations chimiques et pratiques sur la combustion du charbon
et sur les moyens de prévenir la fumée, par C.-W. Williams, assoc. inst.,
C.-E. Traduit de l'anglais par D. Bona Christave, lieutenant de vaisseau. Publié
sous les auspices de S. Ex. l'amiral Hamelin, sénateur, ministre de la marine et
des colonies, etc.; avec l'autorisation de l'auteur. In-8, 324 p.   7 fr.

Paris. — Imprimerie de P.-A. BOURDIER et Cie, rue des Poitevins, 6.
Imprimeurs de la Société des Ingénieurs civils.

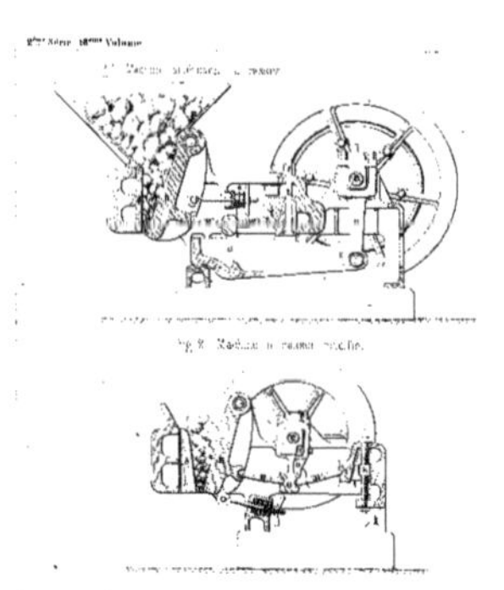

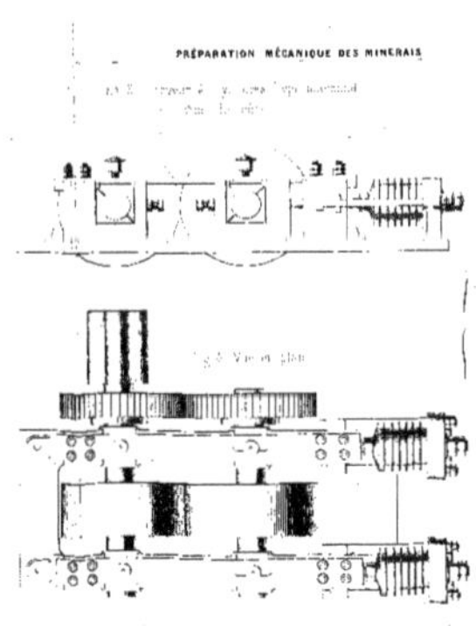

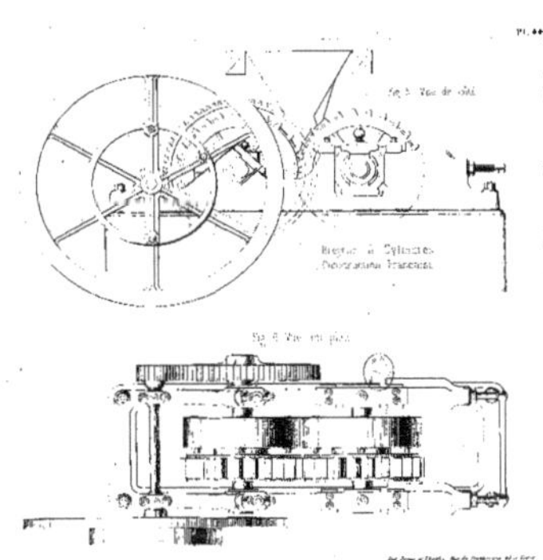

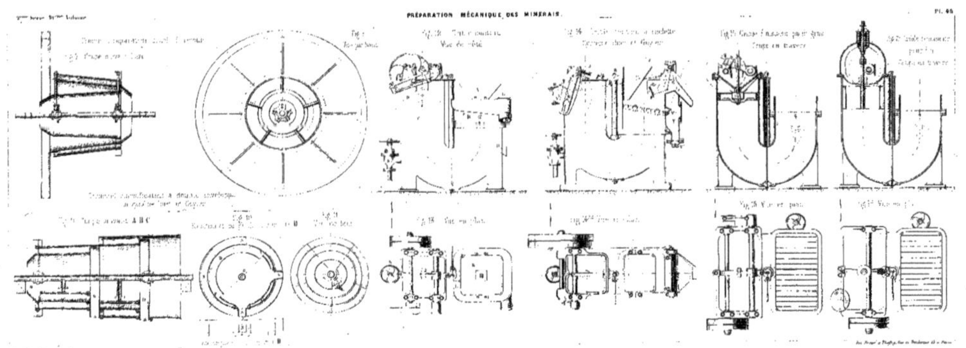
PRÉPARATION MÉCANIQUE DES MINERAIS.

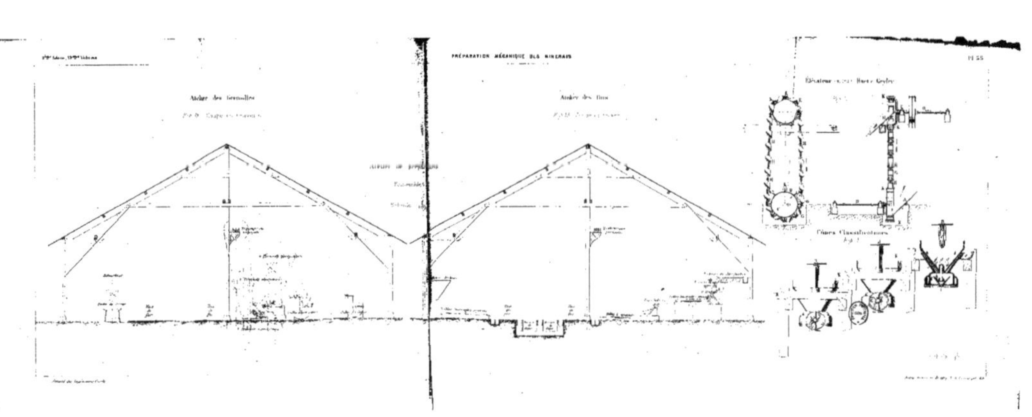
Atelier des Grenailles
Atelier des fins
Élévateur
Cônes Classificateurs

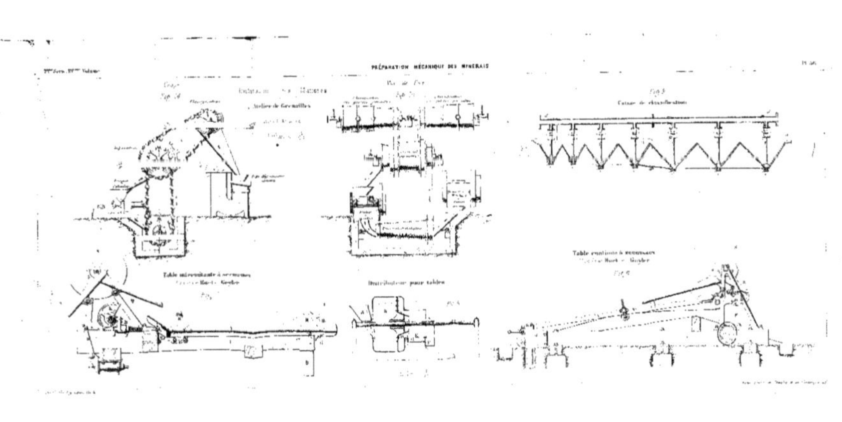
Atelier de Gravauilleu
Vue de face
Caisse de classification
Fig. 3
Table entraînante à secousses
Système Hartz - Gaylor
Table continue à secousses
Système Hartz - Gaylor
Distributeur pour tables

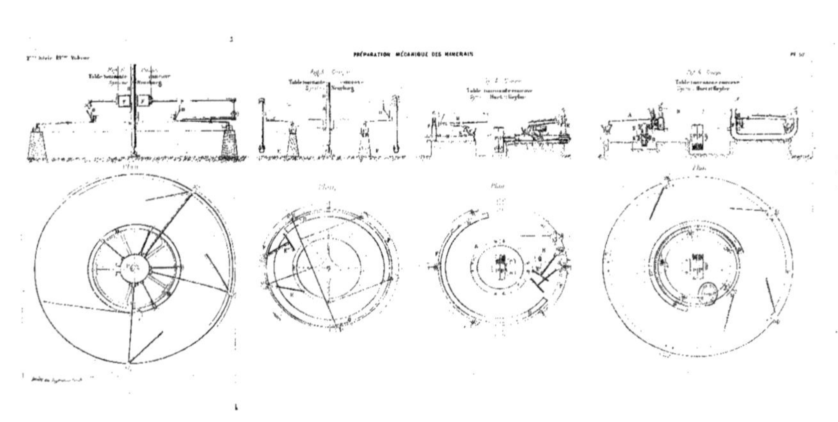

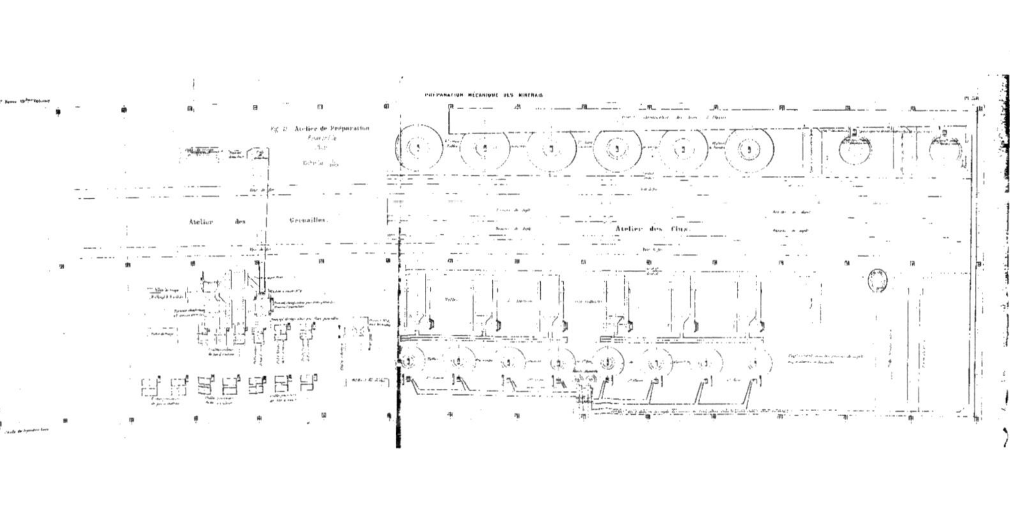

Fig. 2. Atelier de Préparation
Atelier des Grenailles.
Atelier des Flux.

PUBLICATION MENSUELLE FONDÉE LE 1er JANVIER 1862

PAR EUGÈNE LACROIX

Membre de la Société Industrielle de Mulhouse

ANNALES

DU

GÉNIE CIVIL

ET RECUEIL DE MÉMOIRES

Sur les Mathématiques pures et appliquées
les Ponts et Chaussées, — les Routes et Chemins de fer
les Constructions et la Navigation maritime et fluviale, — les Mines
l'Architecture, — la Métallurgie, — la Chimie, — la Physique
les Arts mécaniques, — l'Économie industrielle
le Génie rural

REVUE DESCRIPTIVE DE L'INDUSTRIE FRANÇAISE ET ÉTRANGÈRE

PUBLIÉES PAR UNE RÉUNION

D'INGÉNIEURS, D'ARCHITECTES, DE PROFESSEURS ET D'ANCIENS ÉLÈVES
DE L'ÉCOLE CENTRALE ET DES ÉCOLES D'ARTS ET MÉTIERS

Avec le concours

D'INGÉNIEURS ET DE SAVANTS ÉTRANGERS

ABRÉGÉ DE LA TABLE DES MATIÈRES

contenues dans les trois premières années.

PARIS

LIBRAIRIE SCIENTIFIQUE, INDUSTRIELLE ET AGRICOLE

EUGÈNE LACROIX, ÉDITEUR

Membre honoraire de la Société industrielle de Verviers (Belgique)
Libraire de la Société des Ingénieurs civils, de la Société des Anciens Élèves des Écoles d'arts et métiers,
de MM. les Conducteurs des ponts et chaussées, de la Société industrielle d'Amiens
Fournisseur de l'École navale impériale, Libraire de MM. les Mécaniciens de la marine impériale, etc.

Octobre 1865.

ON S'ABONNE

AUX

ANNALES DU GÉNIE CIVIL

CHEZ LES PRINCIPAUX LIBRAIRES

ET PLUS SPÉCIALEMENT

à **Paris**, au bureau de la rédaction, **15, quai Malaquais**

ET

à Agen,	chez Allègre.	à Leipzig,	chez Brockhaus.
Amiens,	Vᵉ Caron.	Le Mans,	Loger, Boulay et Cⁱᵉ.
Angers,	Barassé.	Lille,	Minart.
Anvers,	Kornicker.	—	Beghin.
—	De Konninck.	—	Quarré.
Arras,	Bradier.	Liége,	Gnusé.
Barcelone,	Verdaguer.	—	Desoër.
Bayonne,	André (L.).	Lisbonne,	Silva Junior.
Besançon,	Vᵉ Baudin.	—	Melchiades:
Bordeaux,	Chaumas.	Madrid,	Poupart.
—	Feret fils.	—	Duran.
—	Sauvat.	Marseille,	Lamorte.
—	Muller.	Metz,	Warion.
Brest,	Lefournier (J.-B.).	Milan,	Dumolard.
—	Robert (Frédéric).	Mons,	Leroux.
Bruxelles,	Lebègue et Cⁱᵉ.	Moscou,	Gautier.
—	Decq.	Mulhouse,	E. Perrin.
—	Muquardt.	Nantes,	André (P.-E.).
—	Tarlier.	—	Mᵐᵉ Veloppé.
—	Rozez.	Naples,	B. Pellerano.
Charleville,	Letellier.	Nimes,	Giraud.
Châteaudun,	Pouillier-Vandecraine.	Odessa,	Camoin frères.
Chartres,	Petrot-Garnier.	Paris,	Brachet, libraire-Cʳᵉ.
Cherbourg,	Journiat-Morin.	—	Lacroix (Eugène).
Gand,	Hoste.	Porto,	Vᵉ Moré.
—	Lebrun-Devigne.	Roanne,	Durand.
—	Rogghé et Cⁱᵉ.	Rochefort,	Proust-Branday.
—	Snoeck, Ducaju et Cⁱᵉ.	Rotterdam,	Krammers.
Gênes,	Beuf.	Sᵗ-Étienne,	Chevalier.
Genève,	Desrogis.	Sᵗ-Malo,	Coni.
Grenoble,	Maisonville et Jourdan.	Sᵗ-Pétersbourg,	J. Issakoff.
Guebwiller,	Jung (J.-B.).	Strasbourg,	Salomon.
La Haye,	Van Cleef.	Toulon,	Rumèbe.
Laon,	Longuet Robert.	—	Monge.
Lausanne,	Martignier et Chavannes.	Troyes,	Dufey Robert.
		Turin,	Bocca.
Leipzig,	Dürr.	Varsovie,	Natanson.

Corbeil. — Typographie de Crété.

AVERTISSEMENT DE L'ÉDITEUR

Les *Annales du Génie civil* ont commencé le 1er janvier la quatrième année de leur publication. Ce que l'éditeur avait prévu en fondant cette revue spéciale s'est réalisé en partie : appui et sympathie des personnes qui cherchent à augmenter leurs connaissances particulières de tout ce que l'expérience vient ajouter au progrès général, encouragement direct des auteurs qui travaillent moins en vue de leur intérêt personnel, que de celui de la science qu'ils professent ou des travaux qu'ils dirigent.

Le sommaire de la table des trois années de publication écoulées, ci-joint, nous dispense d'expliquer de nouveau quel est notre but, quels sont nos moyens. Nous croyons avoir acquis le droit d'appeler sur notre œuvre l'attention des ingénieurs, des industriels, des chefs d'établissements, de tous ceux enfin qui ont besoin de connaître ce que peuvent produire les idées et les applications nouvelles. Inventions, sciences, innovations scientifiques, statistiques industrielles ; traduction des descriptions et des comptes rendus de tout ce qui concerne les travaux importants faits à l'Étranger ; comptes rendus des sociétés savantes de Paris et de la province ; renseignements sur les écoles spéciales professionnelles et sur l'enseignement industriel ; bibliographie française et étrangère : tel est le vaste cadre des *Annales du Génie civil*. Pour le remplir à la satisfaction du plus grand nombre, nous n'avons reculé devant aucun sacrifice, nous n'avons fait aucune concession ni à la critique intéressée, ni à l'esprit de coterie. Nous avons voulu être utile quand même ; c'est à ceux qui poursuivent ce but comme nous, qu'il appartient de nous aider efficacement et comme abonnés et comme rédacteurs. — Nous leur faisons un appel direct, et nous avons la confiance qu'il sera entendu.

EUGÈNE LACROIX

Propriétaire-gérant.

Octobre 1865.

CONDITIONS DE LA SOUSCRIPTION

Les **Annales du Génie civil** paraissent mensuellement depuis le 1er janvier 1862, par brochures de 4 à 5 feuilles grand in-8°, avec figures intercalées dans le texte, et 3 à 4 planches in-4° et in-folio, de manière à former chaque année un volume d'environ 800 pages et un atlas de 35 à 40 planches.

Prix de l'abonnement annuel :

Pour toute la France (*franco*)..	20 fr.
Pour l'Étranger (*id.*)..	25 fr.
Les numéros ou articles se vendent séparément.........................	3 fr.
Pour l'Étranger (*id.*)..	3 fr. 50
Prix de chaque année écoulée prise séparément, pour la France (*franco*)	25 fr.
Pour l'Étranger (*id.*)..	30 fr.

Les recouvrements sur la province étant très-onéreux, pour des sommes au-dessous de 100 fr., et quelquefois impossibles pour certaines localités, nous prions instamment nos Abonnés de suivre le mode que nous leur indiquons :

On s'abonne en adressant (franco), à l'ordre de M. EUGÈNE LA-CROIX, Propriétaire-Gérant, demeurant à Paris, 15, quai Malaquais, un mandat sur la poste ou un effet à vue sur Paris de la somme de VINGT FRANCS. Les nouveaux abonnés qui prennent en même temps ou qui s'engagent à prendre dans un temps déterminé les années parues, ne les payeront que VINGT FRANCS.

LES ABONNEMENTS PARTENT DU 1er JANVIER.

EXTRAIT DE LA TABLE DES MATIÈRES

DES TROIS PREMIÈRES ANNÉES PUBLIÉES

DES ANNALES DU GÉNIE CIVIL

*

Cet extrait de la table de nos trois premières années, bien que très-incomplet, peut donner une idée de l'intérêt et de la variété des sujets que des hommes spéciaux traitent périodiquement dans les *Annales du Génie civil*. Nous devons ajouter que l'expérience acquise, l'appui et la sympathie du rédacteur et du public qui vont en croissant, nous aident à améliorer chaque année ces *Annales* et à les rendre de plus en plus intéressantes et dignes de l'intérêt général.

BIBLIOTHÈQUE

DES

PROFESSIONS INDUSTRIELLES ET AGRICOLES

PUBLIÉE PAR

Eugène LACROIX, ÉDITEUR

Sous la direction de MM. les Rédacteurs des Annales du Génie civil

Avec la collaboration d'Ingénieurs et de Praticiens français et étrangers

---

COLLECTION DE GUIDES PRATIQUES

A L'USAGE

**DES CHEFS D'USINES, DES CONTRE-MAITRES, DES OUVRIERS
DES AGRICULTEURS, DES ÉCOLES INDUSTRIELLES**

MIS POUR QUELQUES-UNS A LA PORTÉE DES GENS DU MONDE

Depuis quarante ans que notre maison est fondée, nos prédécesseurs ont publié et nous continuons à publier des ouvrages sur les sciences appliquées à l'industrie, aux arts et métiers, à l'agriculture. L'ensemble de ces publications forme une collection très-variée : donc, nous avions créé par le fait une *Bibliothèque des professions industrielles et agricoles*. Mais l'étendue de quelques-uns des ouvrages qu'elle renferme, l'enseignement plus ou moins scientifique ou plus particulièrement pratique qu'ils contiennent, la forme typographique différente pour le plus grand nombre, et enfin le prix élevé de quelques-uns ne permettaient pas de les comprendre par séries dans une encyclopédie accessible, par la forme, par le fond et par le prix, aux personnes qui ont le plus souvent besoin d'indications pratiques sur la profession dont elles font l'apprentissage ou dans laquelle elles veulent devenir plus intelligemment habiles.

A ces personnes, dont le nombre est très-grand, il faut des *guides pratiques* exacts, d'un format commode, d'un prix modéré, rédigés avec clarté et méthode, comme est clair et méthodique l'enseignement direct du professeur à l'élève ou celui du maître à l'apprenti. Telle a été notre pensée en commençant, en 1863, la publication de la *Bibliothèque des professions industrielles et agricoles*, composée de *Guides pratiques*.

Nous atteindrons le but que nous nous sommes proposé, nous en avons déjà l'assurance par la vente soutenue des séries publiées jusqu'à ce jour; par le nombre et le mérite, soit comme savants, soit comme praticiens, des collaborateurs acquis à l'œuvre, et par les adhésions qui nous arrivent de tous côtés et sous toutes les formes.

Notre publication s'adresse à l'ingénieur, à l'industriel, à l'ouvrier mécanicien dans chacune des professions spéciales, à l'artisan de tous les métiers, à l'instituteur, à l'agriculteur; certaines séries conviennent à l'homme du monde qui désire satisfaire utilement sa curiosité, ou qui veut augmenter les notions déjà acquises, par des connaissances particulières sur les professions qui procurent à la société entière les éléments du bien-être matériel, base indispensable du progrès moral.

C'est donc à un très-grand nombre de lecteurs ou plutôt de travailleurs que nous offrons un concours efficace pour l'étude et les applications des questions d'utilité privée ou publique. Nous leur faisons un appel direct, en leur rappelant qu'il n'y a possibilité d'abaisser le prix de vente d'un livre qu'à condition de pouvoir imprimer ce livre à un très-grand nombre d'exemplaires, en prévision d'un grand nombre d'acheteurs : en effet, les premières dépenses, c'est-à-dire la gravure des bois et des planches, la composition typographique du texte et le travail de l'auteur sont les mêmes pour un exemplaire que pour mille... dix mille, etc. Dans l'espoir que le nombre des adhérents à notre œuvre ne cessera pas d'augmenter; — que rédacteurs et souscripteurs nous prêteront leur appui de plus en plus efficace, — nous continuerons à publier les volumes annoncés, le plus promptement qu'il nous sera possible.

Le prix de vente de chacun d'eux sera fixé d'après le chiffre des frais occasionnés par la publication.

Cette Bibliothèque est composée de **Neuf Séries,** qui provisoirement se subdivisent comme suit :

Série **A.** — Sciences exactes	9 vol.
» **B.** — Sciences d'observation	21 »
» **C.** — Constructions civiles	30 »
» **D.** — Mines et Métallurgie	20 »
» **E.** — Machines motrices	7 »
» **F.** — Professions militaires et maritimes	9 »
» **G.** — Professions industrielles	66 »
» **H.** — Agriculture, Jardinage, etc.	56 »
» **I.** — Économie domestique, Comptabilité, Législation, Mélanges	24 »

CATALOGUE

PAR ORDRE ALPHABÉTIQUE DES MATIÈRES

DES VOLUMES DÉJA PARUS

DE LA BIBLIOTHÈQUE DES PROFESSIONS INDUSTRIELLES

PUBLIÉE PAR EUGÈNE LACROIX (1).

Acclimatation des animaux domestiques, par le D. B. Lunel. 1 vol. in-12, p. 185.. 2 fr.

Acier (Son emploi et ses propriétés), par G. B. J. Dessoye, avec Introduction et Notes, par E. Grateau. 1 vol. in-12, 306 p......................... 3 fr.

Agent voyer. Voir Ponts et Chaussées.

Agriculture (Traité élémentaire d'), par H. de Lavaur. 1 vol. in-12, 239 pages, avec tableaux.. 2 fr.

Alliages métalliques, par A. Guettier, directeur de fonderie. 1 vol. in-12, 343 pages.. 3 fr.

Aluminium et métaux alcalins (recherche, extraction et fabrication), par C. H. et A. Tissier. 1 vol. in-12, 228 p. avec 1 pl. et de nombreuses figures dans le texte.. 3 fr.

Analyse qualitative, par H. Will; traduit par W. Bichon. 1 volume in-12, 259 pages, avec tableaux dans le texte......................... 1 fr. 50

Apiculture. Culture des Abeilles, par H. Hamet. 1 vol. in-12, 328 p., avec un portrait et nombreuses figures dans le texte......................... 3 fr.

Appareils économiques de chauffage pour les combustibles solides et gazeux, par P. Flamm. 1 vol. in-12, 157 p., 4 pl..................... 3 fr.

Arboriculture fruitière, théorique et pratique, par Gressent. 1 vol. 610 pages, avec figures.. 6 fr.

Bière, sa composition et sa fabrication, par Mulder. 1 vol. 444 pages... 5 fr.

Bijoutier. Application de l'harmonie des couleurs, par L. Moreau. 1 vol. in-12, 108 p., 2 pl.. 1 fr.

Canards, par Mariot-Didieux. 1 vol............................ 1 fr. 50

Chasseur médecin (Traité complet sur les maladies du chien, par Francis Clater), traduit par Mariot-Didieux. 1 vol. in-12, 195 p................. 2 fr.

(1) **Nota.** — *Chacun des ouvrages qui composent cette bibliothèque sera expédié franco contre la réception de son prix en un mandat sur la poste ou une valeur sur Paris. Pour les pays étrangers, le prix est augmenté de 10 p. 100 pour l'expédition franche.*

Huiles (Essai et dosage des) employées dans le commerce ou servant à l'alimentation, des savons et de la farine de blé, par CAILLETET. 1 volume in-12 107 pages .... 3 fr.

Hydraulique urbaine et agricole, par J. LAFFINEUR. 1 vol. in-12, 129 p., 2 pl.. 2 fr.

Hygiène et médecine usuelle, par le doct. B. LUNEL. 1 vol. in-12, 212 p.
1 fr. 50

Insectes nuisibles (Destruction des). Voir Entomologie.

Ingénieur agricole (Hydraulique, desséchement, drainage, irrigation, etc.), par LAFFINEUR. 1 vol. in-12, 269 p. et 3 pl................................ 3 fr.

Jardinage (Manière de cultiver son jardin), par COURTOIS-GÉRARD. 1 vol. in-12, 403 p., avec 1 pl. et figures dans le texte.......................... 3 fr. 50

Jardins d'agrément (Tracé et ornementation), par T. BONA. 1 vol. in-12, 236 p.. 2 fr. 50

Joaillier. Traité complet des pierres précieuses, par Ch. BARBOT. 1 vol. in-12, 567 p. et 178 figures gravées.. 5 fr.

Lapins (Éducation lucrative des), par MARIOT-DIDIEUX. 1 vol. in-12, 163 p. 2 fr.

Liqueurs françaises et étrangères (Fabrication sans distillation), par L. F. DUBIEF. 1 vol. in-12, 288 pages, avec figures dans le texte et une planche.. 4 fr.

Literie, par JEAN DE LATERRIÈRE. 1 vol. in-12, 180 p., avec 13 pl........ 2 fr.

Machines agricoles en général et machines à vapeur rurales (Constructions, emploi et conduites), par GAUDRY. 1 vol. in-12, 107 p................... 1 fr.

Maçonnerie (Guide du Constructeur), par A. DEMANET. 1 vol., texte 252 p. et atlas de 20 planches.. 5 fr.

Maître de forges (Exploitation du fer et applications), par M. PELOUZE. 2 vol. in-12, 839 p., avec 10 pl.. 5 fr.

Matières résineuses (Provenance et travail), par E. DROMARD. 1 vol. in-12, 101 p., avec 3 pl.. 3 fr.

Métallurgie (Essai, préparation et traitement des minerais), par MM. L. et D. 1 vol. in-12, 354 p., avec 8 pl.. 2 fr.

Métallurgie (le Fer, son histoire, ses propriétés), par WILLIAM FAIRBAIRN; trad. par G. MAURICE. 1 vol. in-12, 351 p., avec 5 pl......................... 5 fr.

Minéralogie usuelle (Exposition succincte et méthodique des minéraux), par M. DRAPIER. 1 vol. in-12, 507 p... 2 fr.

Mouvement industriel et commercial, 1864-1865, par A. SÉBILLOT. 1 vol. in-12, 232 p... 2 fr.

Oies et canards (Éducation lucrative des), par MARIOT-DIDIEUX. 1 vol. in-12, 187 p., avec de nombreuses figures dans le texte...................... 1 fr. 50

Olivier (sa culture, son fruit et son huile), par J. RAYNAUD. 1 vol. in-12, 330 p.
3 fr.

Ostréiculteur (Élevage et multiplication des races marines comestibles), par FRAICHE. 1 vol. in-12, 178 p., avec de nombreuses figures dans le texte. 3 fr.

Papiers et cartons (Fabrication), par A. Prouteaux. 1 vol. in-12, 277 p., avec atlas, 7 pl. .... 4 fr.

Parfumeur. Dictionnaire des cosmétiques et parfums, par le doct. B. Lunel. 1 vol. in-12, 215 p. .... 5 fr.

Paris à vol d'oiseau, par J. Maleville. 1 vol. in-12, 268 p. .... 3 fr.

Perspective pratique, par M. Ysabeau. 1 vol. in-12, 164 p., avec 11 pl. 3 fr.

Pétrole (Gisements, exploitation et traitement industriels), par E. Soulié et H. Haudouïn. 1 vol. in-12, 236 p. .... 3 fr.

Pisciculteur, par P. Carbonnier. 1 vol. in-12, 208 p. .... 2 fr.

Ponts et chaussées et agent voyer (Guide du conducteur), 1re partie. Plans et nivellements, par F. Birot. 1 vol. in-12, 129 p., 6 pl. .... 2 fr.

Porcelaine (Art de la fabriquer), suivi d'un traité de la peinture et de la dorure sur porcelaine, par Bastenaire-Daudenart. 2 vol. in-12, 469 p., 4 pl. ... 10 fr.

Potager moderne (Traité des légumes), par Gressent. 1 vol. in-12, 466 p., 10 pl. 6 fr.

Potasses, soudes, cendres, acides et manganèse, par Fresenius et le doct. H. Will; traduit par G. W. Bichon. 1 vol. in-12, 176 p. .... 2 fr.

Poules (Éducation lucrative des), ou Traité raisonné de gallinoculture, par Mariot-Didieux. 1 vol. in-12, 456 p. .... 3 fr. 50

Roches, simples et composées (Classification et caractères minéralogiques), par Marcel de Serres. 1 vol. in-12, 291 p. .... 3 fr.

Rosier (Taille du), sa culture, par E. Forney. 1 vol. in-12, 216 p. .... 2 fr.

Science populaire (La), par J. Rambosson. 1 beau vol. in-18 illustré, paraissant tous les ans à partir du 1er janvier 1863. Prix de chaque année. 3 fr. 50

Sciences physiques appliquées à l'agriculture (Chimie inorganique), par Pourriau. 1 vol. in-12, 520 p., avec figures .... 6 fr.

Chimie organique, par le même. 1 vol. in-12, 546 p., avec figures .... 6 fr.

Sténographie, par Ch. Tondeur. 1 vol. in-12, 18 p. .... 1 fr.

Télégraphie électrique, par B. Miége. 1 vol. in-12, 158 p., avec de nombreuses figures dans le texte .... 2 fr.

Tissage, 1re partie (Fabrication des tissus), par T. Bona. 1 vol. in-12, 172 p., avec 1 atlas de 60 pl. et légendes .... 3 fr.

— 2e partie (Composition des tissus). 1 vol. in-12, 174 pages, avec atlas de 56 pl. et légendes .... 3 fr.

Tissus imprimés (Fabrication). Impression des étoffes de soie, par D. Kaeppelin. 1 vol. in-12, 151 p., avec 4 pl. et de nombreux échantillons .... 10 fr.

Vétérinaire maréchal, par J. Goodwin. 1 vol. in-12, 274 p., avec 3 pl. ... 2 fr.

Vidange agricole. Engrais humain, par J.-H. Touchet. 1 vol. in-12, 88 p. 1 fr.

Vins factices et boissons vineuses en général, par L.-N. Dubief. 1 vol. in-12, 67 p. .... 1 fr. 50

Détacher ce bulletin et le jeter à la poste, en affranchissant.

ANNALES DU GÉNIE CIVIL

RECUEIL DE MÉMOIRES

SCIENTIFIQUES, INDUSTRIELS ET AGRICOLES

Publié par une réunion

D'INGÉNIEURS, DE PROFESSEURS ET DE SAVANTS

Eugène **LACROIX**, Éditeur

Prix de l'abonnement pour Paris et toute la France :

VINGT FRANCS PAR AN.

Prix de l'abonnement pour l'Étranger :

VINGT-CINQ FRANCS PAR AN.

Prix de chaque année écoulée :

Pour la France : **vingt-cinq francs.** — *Pour l'Étranger :* **trente francs.**

BULLETIN D'ABONNEMENT

Pour s'abonner et recevoir *franco* en France toutes les livraisons de l'année en cours de publication, il suffit de détacher et *d'affranchir* à la poste le présent bulletin, en y joignant un mandat de la somme de *vingt francs*, et pour recevoir les années terminées, un mandat de *vingt-cinq francs* pour chaque année.

(4e année de la publication, 1865.)

Je soussigné _______________________________________

déclare m'abonner pour ([1]) _______________________ *exemplaire*, *à*

l'année courante des ANNALES DU GÉNIE CIVIL, *qui me sera adressé*

à ([2]) ____

____

moyennant la somme de ([3]) _____________________________

que je joins en un mandat-poste, ou pour laquelle somme j'autorise M. LACROIX *à faire traite à vue sur moi, en ajoutant les frais de recouvrement, soit une traite de* vingt et un francs, *que je m'engage à payer à présentation.*

A ________________ *le* ______________ , 186

Signature ([4])

([1]) Mettre le nombre d'exemplaires.
([2]) Mettre son adresse complète, et l'écrire très-lisiblement, S. V. P.
([3]) Mettre le prix équivalent au nombre d'exemplaires demandés.
([4]) Signer très-lisiblement.

(Détacher ce bulletin, le cacheter, *l'affranchir* à la poste.)

Toute lettre non affranchie sera rigoureusement refusée.

CORBEIL. — Typ. et stér. de CRÉTÉ.

Monsieur

Monsieur Eugène LACROIX,

Éditeur des *Annales du Génie civil.*

Librairie Scientifique, Industrielle et Agricole,

15, *quai Malaquais,*

PARIS.

www.ingramcontent.com/pod-product-compliance
Ingram Content Group UK Ltd.
Pitfield, Milton Keynes, MK11 3LW, UK
UKHW022046070726
13613UKWH00002B/702